企业新型学徒制培训教材

饭店服务礼仪

人力资源社会保障部教材办公室　组织编写

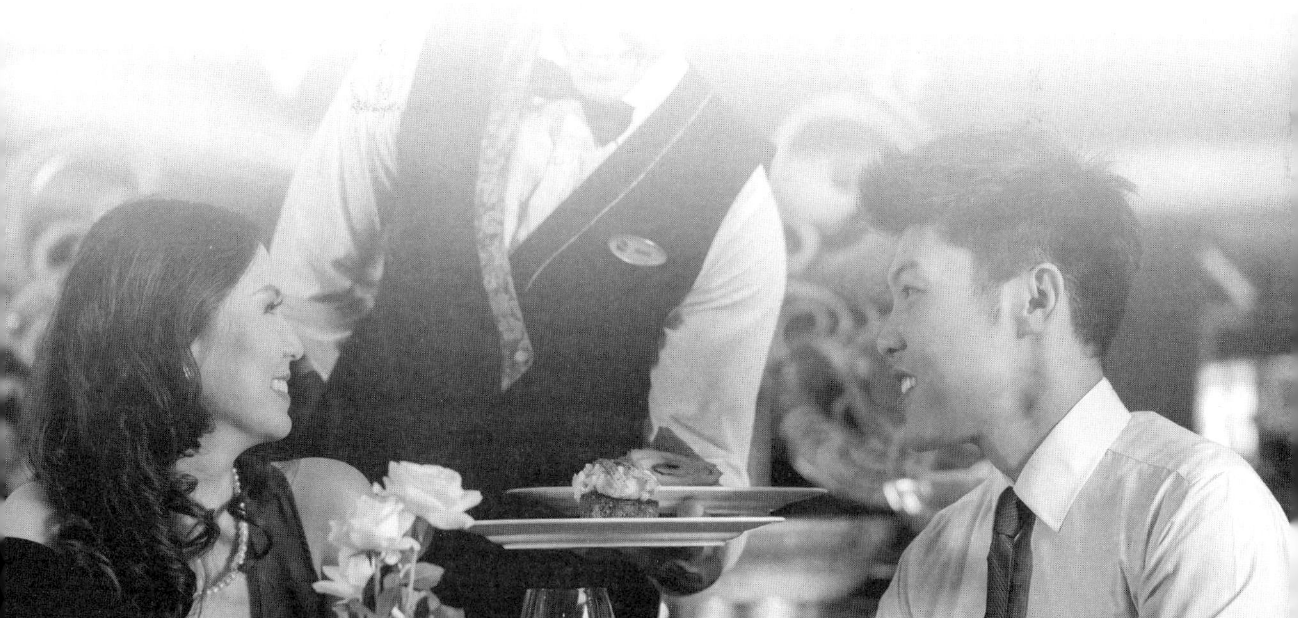

中国劳动社会保障出版社

图书在版编目（CIP）数据

饭店服务礼仪 / 人力资源社会保障部教材办公室等组织编写. -- 北京：中国劳动社会保障出版社，2019

企业新型学徒制培训教材

ISBN 978-7-5167-3890-0

Ⅰ. ①饭… Ⅱ. ①人… Ⅲ. ①饭店 - 商业服务 - 礼仪 - 职业培训 - 教材 Ⅳ. ①F719.2

中国版本图书馆 CIP 数据核字（2019）第 032772 号

中国劳动社会保障出版社出版发行

（北京市惠新东街 1 号　邮政编码：100029）

*

北京市艺辉印刷有限公司印刷装订　新华书店经销

787 毫米 ×1092 毫米　16 开本　8 印张　173 千字

2019 年 3 月第 1 版　2019 年 3 月第 1 次印刷

定价：22.00 元

读者服务部电话：（010）64929211/84209101/64921644

营销中心电话：（010）64962347

出版社网址：http：//www.class.com.cn

版权专有　侵权必究

如有印装差错，请与本社联系调换：（010）50948191

我社将与版权执法机关配合，大力打击盗印、销售和使用盗版图书活动，敬请广大读者协助举报，经查实将给予举报者奖励。

举报电话：（010）64954652

企业新型学徒制培训教材
编审委员会

主　任：张立新　张　斌

副主任：王晓君　魏丽君

委　员：王　霄　项声闻　杨　奕　蔡　兵

　　　　刘素华　张　伟　吕红文

本书编审人员

主　编：朱美玲

前　言

为贯彻落实党的十九大精神，加快建设知识型、技能型、创新型劳动者大军，按照中共中央、国务院《新时期产业工人队伍建设改革方案》《关于推行终身职业技能培训制度的意见》有关要求，人力资源社会保障部、财政部印发了《关于全面推进企业新型学徒制的意见》，在全国范围内部署开展以“招工即招生、入企即入校、企校双师联合培养”为主要内容的企业新型学徒制工作。这是职业培训工作改革创新的新举措、新要求和新任务，对于促进产业转型升级和现代企业发展、扩大技能人才培养规模、创新中国特色技能人才培养模式、促进劳动者实现高质量就业等都具有重要的意义。

为配合企业新型学徒制工作的推行，人力资源社会保障部教材办公室组织相关行业企业和职业院校的专家，编写了系列全新的企业新型学徒制培训教材。

该系列教材紧贴国家职业技能标准和企业工作岗位技能要求，以培养符合企业岗位需求的中、高级技术工人为目标，契合企校双师带徒、工学交替的培训特点，遵循“企校双制、工学一体”的培养模式，突出体现了培训的针对性和有效性。

企业新型学徒制培训教材由三类教材组成，包括通用素质类、专业基础类和操作技能类。首批开发出版《入企必读》《职业素养》《工匠精神》《安全生产》《法律常识》等16种通用素质类教材和专业基础类教材。同时，统一制订新型学徒制培训指导计划（试行）和各教材培训大纲。在教材开发的同时，积极探索“互联网＋职业培训”培训模式，配套开发数字课程和教学资源，实现线上线下培训资源的有机衔接。

企业新型学徒制培训教材是技工院校、职业院校、职业培训机构、企业培训中心等教育培训机构和行业企业开展企业新型学徒制培训的重要教学规范和教学资源。

企业新型学徒制培训教材编写是一项探索性工作，欢迎开展新型学徒制培训的相关企业、培训机构和培训学员在使用中提出宝贵意见，以臻完善。

人力资源社会保障部教材办公室

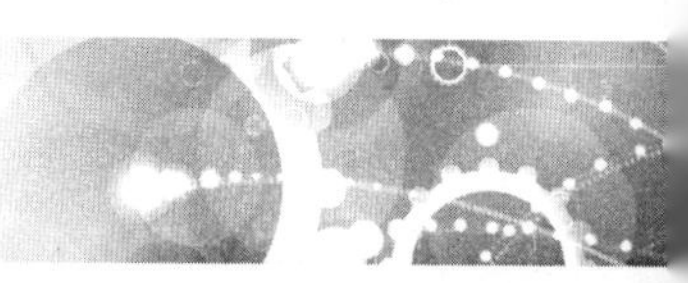

目 录

第1章

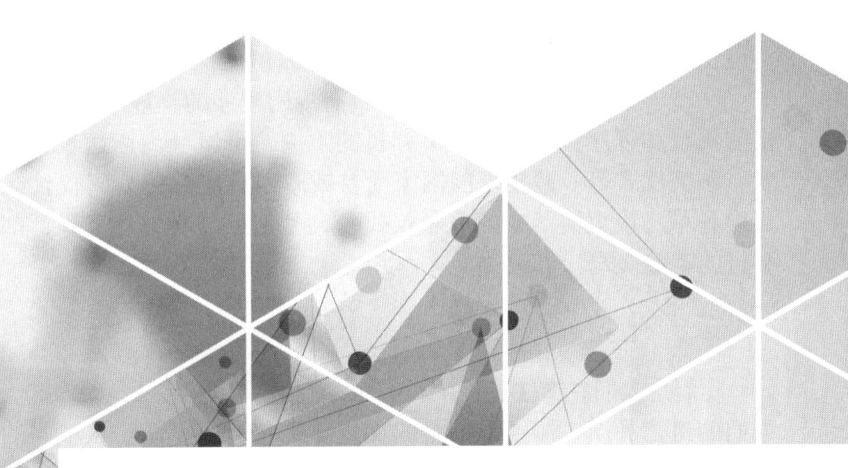

礼仪概述

第1节 礼仪的基本概念

中国是文明古国，素有“礼仪之邦”的美称。重礼仪、守礼法、讲礼信、遵礼义已成为人们的一种自觉意识，贯串于社会活动的各个方面，成为中华民族的文化特征。

礼仪是指人们在一定的社会交往场合中，为向对方表示尊重、敬意、友好而约定俗成、共同遵循的行为规范和交往程序。礼仪包括仪式、礼貌、礼节三个方面。在礼学体系中，礼仪是有形的，它存在于社会交往的一切活动中，其基本形式受物质水平、历史传统文化心态、民族习俗等众多因素的影响。

一、仪式

仪式是指在特定场合举行的、具有专门程序的、规范化的活动。在举办仪式时要遵循严格的规范和程序。仪式依照举办目的不同，可以分为迎送仪式、签字仪式、开幕式、闭幕式、颁奖仪式等。迎接外国国家元首或政府首脑时的检阅仪仗队仪式和鸣放礼炮仪式、展览会开幕式或大厦落成的剪彩仪式、大型工程的奠基仪式等，都属于在较大、较正规场合举行的隆重仪式。

二、礼貌

礼貌是人们在交往过程中，表示相互敬重和友好的行为规范。礼貌体现了时代的风尚与人们的道德品质，体现了社会的文化层次和文明程度。在不同的民族、不同的时代和不同的行为环境中，礼貌表达的形式和要求虽然不同，但是其基本内涵是一致的，要做到诚恳、谦恭、和善及有分寸。礼貌是一个人在待人接物时的外在表现，这种表现是通过仪表、仪容、仪态、语言等体现的。

在交往时讲究礼貌，不仅有助于建立相互尊重和友好合作的关系，而且能调节公共场合的人际关系，缓解或避免冲突。饭店服务人员对宾客开展礼貌服务，可以让身处异国他乡的宾客有在家一般的亲切、温暖之感。

三、礼节

礼节是指人们在日常生活中，特别是在交际场合中表示相互尊重、友好问候、致意慰问，以及给予必要的协助与照料的惯用形式。礼节是礼貌在语言、行为、仪态等方面的具体表现方式，如握手、鞠躬、拥抱等都属于礼节的范畴。

当今社会的国际交往日趋频繁，各国的礼节有着互相融通的趋势，但各国、各民族的特点是客观存在的，仍有自己独特的礼节，并且这些礼节的特色构成一种特有的文化氛围。在饭店礼仪服务过程中，熟知和尊重各国、各民族的礼节和风俗习惯是十分必要的。

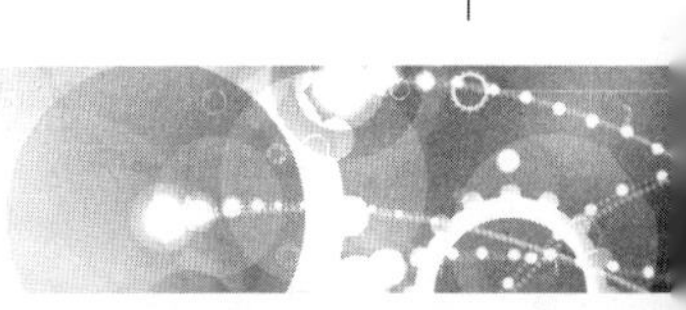

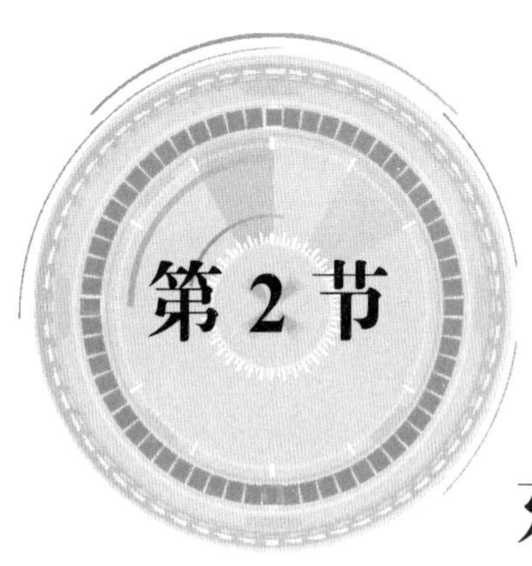

第 2 节 东方礼仪与西方礼仪

东方礼仪是指中国、日本、朝鲜半岛、东南亚等亚洲国家所代表的具有东方民族特点的礼仪文化。西方礼仪是指流传于欧洲、北美各国的礼仪文化。在经济全球化的大背景下，进一步提升饭店服务人员的礼仪素养，更好地将东西方礼仪进行融会贯通地学习和运用，已成为提高饭店企业核心竞争力的有效途径。

东西方礼仪的差异主要体现在以下几个方面。

一、在表达方式方面

东方礼仪注重“礼让”，西方礼仪强调“实用”。与直率坦诚的西方人相比，东方人显得谦逊和含蓄。

在面对他人的夸奖时，中国人常常会说“过奖了”“没有没有，我还差得很远”等，以表示自己的谦虚；而西方人则会用“谢谢”“你真有眼光”等接受对方的赞许。

在礼物馈赠时，中国人讲究礼数，重视礼尚往来；西方礼仪强调交际实务，在讲究礼貌的基础上力求简洁便利，不客套。在礼品的选择上，东方礼仪强调精心挑选，但在送礼时说一些“一份薄礼”“一个小礼物”之类的话，而受礼人一般也会客气地推辞一番。而西方人送礼讲究礼品的文化格调和意义，在送礼时一般会说“这是最好的礼物”“这是我精心挑选的礼物，你肯定会喜欢”，受礼人会很直接地收下礼物，对礼物赞扬并感谢送礼人。

二、在时间观念方面

西方人时间观念很强，有约会准时到达，且不随意改动既定的行程。西方人严格区分工作时间和业余时间，休假时间一般不会讨论工作，甚至在休假期间断绝非生活范畴的交往。相对来讲，中国人对时间的观念比较随意，但是随着社会的发展和进步，在时间观念上，东西方礼仪日趋一致。

三、在对待隐私方面

在中国，人们对个人隐私的界定因人而异，多数不会在意别人对自己的生活做一些了解。日常生活中，中国人拜访他人表示热忱。而西方人在拜访前，要跟这人预约，突然造访会造成受访者不快，因为会打乱别人的工作安排。西方人比较忌讳别人探听其隐私。中国人比较热情，愿意帮助他人，喜欢询问别人有什么需要帮忙。

例如，中国人会直接询问别人所购物品的价格，在中国人看来，物品贵贱只代表物品质量；西方人则认为是隐私，不宜直接询问。这都是东西方文化观念差异导致的。东方人重义重情，西方人崇尚个人独立。

相关链接

东西方文化的差异也体现在对待血缘亲情及“老”的态度上。

一、对待血缘亲情的差异

东方的民族，都非常重视家族和血缘关系。“老吾老，以及人之老；幼吾幼，以及人之幼”，敬老爱幼之风，自古皆然。“落叶归根”“父母在，不远游”等，无不体现出东方人强烈的家庭种族观念。

在西方，提倡个性自由，崇尚个人力量；而在东方，国家、民族甚至“集团”的凝聚力非常强烈。在日本，企业的经营也充满着家族式色彩，富有人情味，人人以为集团谋事出力为荣。

二、对待“老”的态度差异

东西方礼仪在对待人的身份、地位和年龄上也有许多观念和表达上的差异。东方礼仪一般是老者、尊者优先，讲究“论资排辈”。西方礼仪崇尚自由平等，对于“老”的优待不像东方礼仪那么突出。

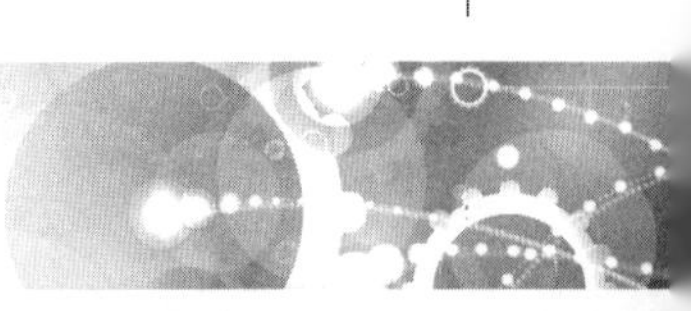

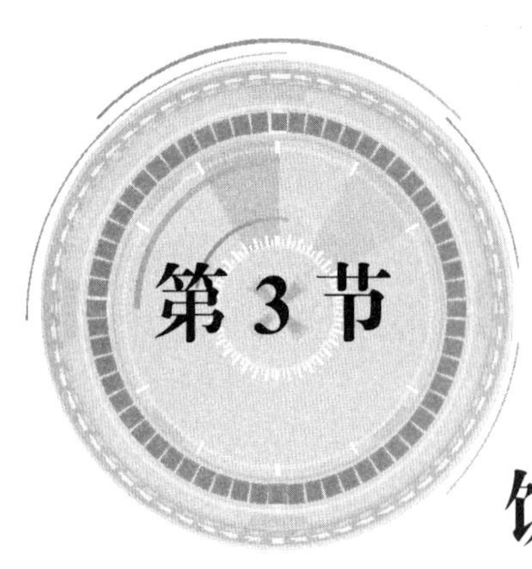

第 3 节 饭店服务礼仪

饭店服务礼仪表现了对宾客尊重或友好。在饭店服务中注重礼仪、礼节，讲究仪表、举止、语言，执行操作规范，是体现主动、热情、周到服务的外在表现形式，目的是使宾客得到精神上的愉悦和身心享受。

一、饭店服务礼仪的概念

饭店服务礼仪是在饭店服务工作中形成的，并得到共同认可的礼貌、礼节和仪式。饭店服务礼仪具有规范性、系统性、实用性和可操作性的特点。具体来讲，饭店服务礼仪要求服务人员注重仪表规范、仪态规范、仪容规范、语言规范和岗位行为规范，树立全心全意为宾客服务的思想，养成尊重、关心宾客的服务意识，形成宾客至上的服务观念，掌握服务的方法和艺术，遵守服务礼仪规范，了解和尊重不同国家（地区）的风俗习惯和宗教仪式，从而使宾客满意，认可饭店的服务，赢得更多的回头客。

二、饭店服务礼仪的要求

明确饭店服务人员的礼仪基本要求是为了让饭店服务人员有据可依、有章可循。这些礼仪基本要求是饭店服务人员在岗期间实施服务工作的基本准则、工作规范和服务纪律。

1. 语言行为礼仪基本要求

（1）标准适用。饭店服务人员应熟练掌握和使用普通话，基本达到标准化、规范化。此外，还可依据需要掌握一些汉语方言、少数民族语言、外语、手语及形体语言，力求运用自如、灵活机动，能做到针对性服务。

（2）确切简洁。面对繁杂的会议事务及四方来客，饭店服务人员的语言必须简洁确切，减少失误，避免差错，以提高工作效率。

（3）合乎逻辑。面对来自各地、语言也不尽相同的宾客，饭店服务人员的表达必须要规范、有逻辑性，特别是回答问题、提供咨询、请示工作、解答原因时条理要清晰、目的要明确、时机要恰当。

（4）温文尔雅。要求饭店服务人员的语言能体现出严、情、意、美的特色。严，即说话条理严密；情，即语言能以情动人；意，即语言能表情达意；美，即语言言辞优美。

（5）热情礼貌。这是饭店服务人员在日常服务工作中与他人交谈时必须认真掌握、时刻体现的基本准则。不准使用“不知道”“没有”“不行”等否定句作为回答，要给宾客令人满意的回复。

2. 举止基本要求

（1）遵循日常礼仪。例如，守时是对人尊重的表现，是最基本的礼貌；有事要事先预约，不能随意造访；对任何来访者或宾客，见面时都应表示敬意；握手时，要表达温和友善的心意，注意场合和对象，注意分寸和力度；化妆要适度，切记不可过分；进入别人房间时，要先敲门、后脱帽，再视他人情况行动。

（2）讲究穿戴礼仪。衣着要朴素大方，突出职业和个人特点，符合场合要求。不穿奇装异服、短裤背心，不留胡子，不戴夸张的首饰。

（3）懂得招呼和告别时的礼貌。招呼和告别时举止礼貌是对饭店服务人员最常见的礼仪要求。不讲有损他人自尊心的话，不用粗俗的言辞与人交谈，不与人争辩，不用贬义称呼，讲话声不能高于宾客。

（4）掌握接待工作中的礼貌。例如，迎接宾客必须提前到达等候处，必要时出示迎候牌或欢迎条幅；要周到地安排宾客住宿，详细地介绍有关生活起居事项、会议日程等情况，也要倾听宾客的意见与要求。

3. 交际行为礼仪基本要求

（1）服从组织和领导。饭店服务人员要依照组织和领导的要求办事。一方面要熟悉和掌握领导的工作作风和习惯，另一方面在工作过程中必须服从组织和领导，增强自身工作主动性，尽心尽力做好职责内的服务工作。

（2）尊重同事。良好的合作关系是决定饭店服务工作能否顺利开展的重要因素之一。在与同事交往和沟通的过程中，要让别人尊重你，首先得尊重别人。要严于律己，注意克服自身缺点。要宽以待人，容人之过，让别人乐于接近你，共同推动工作的开展。守时就是其中非常重要的一点，因为守时是对他人尊重的表现，也是最基本的礼貌。

（3）协调友邻。饭店服务工作是一项综合性工作，要依靠各单位、各部门的共同努力来完成。尤其是大型会议或活动，更是一项全局性工作，因此协调友邻十分重要。要有大局观念；要分工负责，不越权限；要互相支持，共同把服务做好。

4. 外事服务行为基本要求

（1）体现平等原则。在外事接待服务中，应体现国际交往中的平等原则，尊重各国风俗习惯。

（2）崇尚礼仪为先。饭店服务人员要熟悉宾客的风俗礼仪与忌讳，了解宾客喜好，尊重他们的风俗习惯，礼貌待客。要掌握各大宗教的基本礼仪与忌讳。接待工作要有针对性，生活照料要热情周到。

（3）注意内外有别。在外事服务中不议论、不打听有关机密事情。不论在任何场合，对机密信息要守口如瓶。涉及重大政策或外交关系的有关言论不对外交谈，不在宾客之间议论内部问题。

（4）维护国家利益。在外事服务过程中，不得索要或收受外宾钱物，更不能为谋利出卖国格和人格，给国家造成损失。对不能拒绝而收下的礼品应上交组织处理。

（5）加强组织观念。严格执行请示报告制度，自觉遵守各项纪律，不得背着组织与国外机构的人员交往。

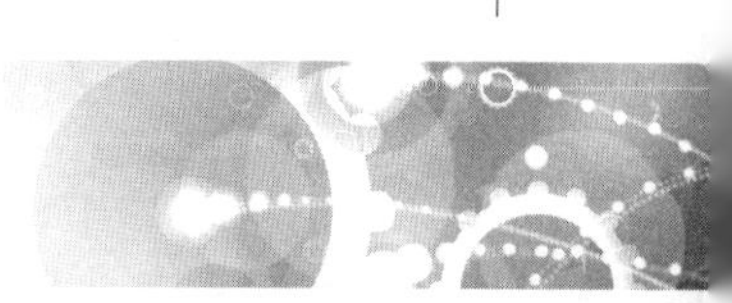

三、饭店服务礼仪的作用

1. 提高服务质量，增强饭店竞争力

当前，饭店业激烈的市场竞争，实质体现的是饭店服务质量的竞争。一家饭店的生存与发展、市场与客源，与能否向宾客提供全方位的优质服务密不可分。研究表明：在饭店硬件设施相同的情况下，影响服务的主要因素是服务规范、服务态度和服务礼仪。严谨的服务规范、真诚的服务态度和良好的服务礼仪，可直观地使宾客在感官上、精神上产生尊重感、亲切感。所以说，讲究服务礼仪是优质服务的关键环节，是提高饭店服务质量、增强饭店竞争力的有效方式。

2. 对客尊敬友好，体现服务人员素质

运用饭店服务礼仪，除了可以使服务人员在对客服务中胸有成竹、处变不惊之外，还能够帮助服务人员规范自身行为，更有效、更好地表达对宾客的尊重、友好与善意，给宾客留下美好的印象。这要求饭店服务人员在服务中要注重仪表、仪容、仪态和语言规范，以此体现待客礼貌。同时，饭店服务人员要发自内心、满腔热忱地向宾客提供主动、周到的服务，表现出良好的风度和素养。

3. 塑造饭店形象，提高社会经济效益

饭店形象是将经营理念、品牌形象、员工形象等综合在一起的整体形象。

良好的饭店形象能得到社会的认同和信赖，有利于占领消费者心理市场。服务礼仪是展示饭店服务人员形象的重要方式。饭店服务过程中，服务人员与宾客之间要面对面进行交流，服务礼仪能带给宾客美的享受和精神的愉悦，从而有利于树立饭店的良好形象，增加宾客消费，为饭店带来更多的社会效益和经济效益。

第2章

饭店服务人员仪容仪表礼仪

第1节 仪容仪表礼仪概述

一、仪容仪表礼仪的含义

仪容，主要是指人的容貌。仪表，指人的外表，包括容貌、姿态、服饰三个方面。仪表美是对一个人全方位的评价，是形体美、服饰美、发型美、仪容美的有机综合。仪容仪表是一个人精神面貌的外观体现，它与一个人的道德修养、文化水平和审美情趣有着密切的关系，是人际交往中一个不可忽视的重要因素。

二、仪容仪表礼仪的作用

饭店服务人员直接面向宾客并为其服务，宾客获得的第一印象常常来源于饭店服务人员的仪容仪表。整洁美观的制服与端庄大方的仪容，既是员工自尊自爱的体现，又是对岗位工作高度的责任感与事业心的反映。员工的仪容仪表反映档次，档次决定价格，价格产生效益，这是一个连锁反应循环圈。良好的仪容仪表会产生积极的宣传效果，并在一定程度上反映饭店服务的管理水平和服务质量。员工维护了自我形象，也就维护了本单位的整体形象。

饭店服务人员的仪容仪表不仅是树立饭店形象的手段，而且是管理水平和服务质量高低的重要标志，也在一定程度上反映一个国家或民族的道德水准、文明程度和精神面貌。

三、仪容仪表礼仪的基本要求

1. 讲究个人卫生，衣着整洁。
2. 强调和谐美。
3. 自然大方。
4. 注重培养个人修养。

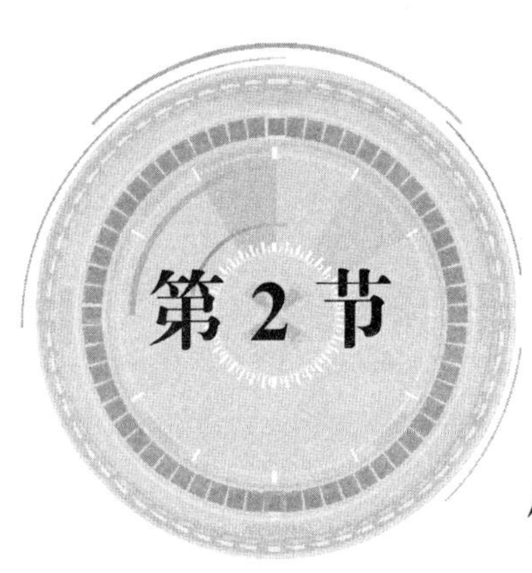

饭店服务人员的仪表规范

一、头发修饰

发型美是仪表美的要素之一。发型是头发的造型艺术，是体现人的审美需求和性格情趣的直观形式，是自然美与修饰美的有机结合，同时也反映着人的物质、文化、生活水平和时代的精神面貌。

1．女士发型

女士的发型要符合美观、大方、整洁、实用的原则，可根据脸形、体形、年龄等选择适宜的发型，见表 2—1。

表 2—1　女士发型的选择

根据脸形选择合适的发型	
脸形	选择发型的要点
圆形脸	发型应使脸形尽量向椭圆形脸靠拢，额前的头发应高起来，两边的头发应紧贴头部
方形脸	发型应该削去棱角，使脸形趋于圆润，可用头发遮住额头，两侧的头发可以稍长一些并烫一下，以曲线美来掩盖方形脸的欠缺
长形脸	选择发型时应加重脸形的横向感，可适当地用刘海掩盖前额，如果头发卷曲，两侧的发梢外翻，可以使脸看上去丰满些
三角形脸	发型应尽可能增加额头两侧头发的厚度，采用侧分，用头发掩盖窄的额头
倒三角形脸	发型应尽可能隐藏过宽的额头，增加脸下部的丰满度
菱形脸	应该使两侧头发厚一些，用刘海遮住前额，可使用蘑菇式发型
椭圆形脸	标准脸形，可以适配任何发型

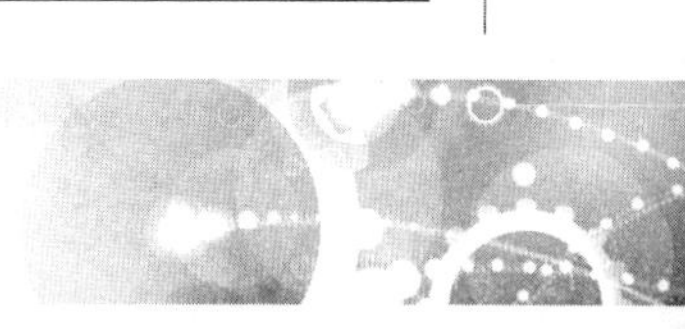

续表

根据体形选择合适的发型	
体形	选择发型的要点
高瘦	不宜留短发，可留长发、直发或大波浪卷发，以显得飘逸大方
矮瘦	不宜留披肩长发，可留超短式或梳盘发，以显得活泼精神
高胖	以短直发为宜，也可使用大波浪的卷发或盘发
矮胖	留轻便的运动式短发或盘发，可从视觉上增加一定的高度
根据年龄选择合适的发型	
年龄	选择发型的要点
青少年	发型不宜太复杂，线条要简洁、流畅、明快、自然
35 岁左右	注意仪表的整洁和美观，各种新颖、别致而又健康、大方的发型都相宜
50 岁左右	发型简朴、端庄、稳重，发式应以由额前向后梳的单花和双花为主，长发者束成发髻显得比较稳重，短发者以紧贴的短波浪为宜

从事饭店服务工作的女士发型基调应是朝气蓬勃、干净利落、稳重端庄。一般来说，不留披肩发，发不遮脸，刘海不过低，也不可将头发染成红色或黄色，以齐耳的直发或微长稍曲的发型为宜，还要避免使用色泽鲜艳的发饰。在一些高规格的饭店，可能会要求刘海全部向后梳起，并且除了短发以外都需要使用黑色或深色的发套将头发拢进去，这样在满足卫生要求的同时，也进一步提升了服务人员的精神面貌。

2．男士发型

男士发型比女士发型相对要简单些，主要根据脸形选择，见表 2—2。

表 2—2　男士发型的选择

脸形	选择发型的要点
长形脸	不宜留太短的头发
脸形宽大、额部粗短	不宜留较长的头发、蓄鬓角，否则给人以头重脚轻、臃肿之感
头发稀少或者秃顶	不宜留较长的头发，因为稀少的长发生长不规则，会显得杂乱，不但不美观，反而给人以病态感

从事饭店服务工作的男士发型基调应是精神抖擞。一般来说，鬓发不应盖过耳部，头发不能盖住额头或触及后衣领。有些饭店会要求男性服务人员使用少量摩丝或者发胶，使整个人看上去更有精神。

二、面部清洁与面容化妆

1．面部清洁

清洁是仪容美的关键，是讲究礼仪的基本要求。每天早晚要坚持洗脸，及时清除面颊、颈部等处的污垢、汗渍等。正确的洗脸方法有助于保持皮肤的弹性，保持血液循环良好和新陈代谢的正常进行。在掌握正确洗脸方法的同时，还应了解自己皮肤的性质。

皮肤一般分为干性、中性、油性三种类型。针对不同的皮肤类型，在洗脸时要采取相应的措施。

（1）干性皮肤。在用玫瑰浸泡的水中加入几滴蜂蜜，沾湿整个面部，用手拍至干燥。每晚反复 2 ~ 3 次，能滋润面部，使之光滑细腻。

（2）中性皮肤。晚上用冷水洗脸后再用热一点的水蒸气蒸脸片刻，然后轻轻抹干。

（3）油性皮肤。洗脸时，在热水中加几滴白醋，能有效地清洁皮肤上过多的皮脂、皮屑和尘埃，使皮肤显得光洁美观，并减轻毛孔阻塞。

蒸汽熏蒸适用于各种皮肤，对油性皮肤、皮肤粗糙者作用更为明显。

2. 面容化妆

（1）面容化妆的原则。化妆总的原则是要少而精，强调和突出自身具有的自然美，减弱或掩盖容貌上的缺陷，一般以浅妆、淡妆为宜，不能浓妆艳抹，并避免使用气味浓烈的化妆品。

1）面容化妆要根据自己的肤色调配。色彩要求鲜明、丰富、和谐统一，给人以美的享受。女士一般希望面部化妆得白一点，但不可在化妆后明显改变自己的肤色，应与自己原有肤色恰当结合，才会显得自然、协调。

2）化妆的色彩应依据自己的脸形调配。脸宽者，色彩可集中一些，描眉、画眼、涂口红和腮红要尽量集中在中间，以收拢缩小面部，使脸形显得好看些；脸窄者则相反。

3）化妆强调整体效果，应使妆面与场合协调。

（2）面容化妆的操作

1）打粉底。打粉底可以调整面部肤色，使之柔和美化。操作时，先选择适合自己肤色的粉底霜；用海绵取适量的粉底，细致涂抹，使之均匀。注意两点，一是粉底霜与自身肤色反差不宜太大；二是要在颈部打上粉底，以免面部与颈部“泾渭分明”。

2）画眼线。眼线可以使眼睛生动有神。操作时，上眼线从内眼角向外眼角画；下眼线从外眼角向内眼角画。注意一气呵成。

3）施眼影。眼影的使用能够使双眼更加有神。化淡妆时，如果脸形和眼睛形状较好可不画眼。化浓妆时，用蓝色、灰色、黑色或棕色的眼影膏，在眼皮外眼角处描得面积宽些，越向上描得越淡，逐渐消失。也可以在睫毛处描一条黑线，靠里眼角要淡，逐渐消失。眼皮薄者描浓些会显得眼皮厚，描深些会显得更有精神。饭店服务人员的工作妆，不适合使用浓厚的眼妆，以清爽为宜。

4）描眉形。眉毛是眼睛的屏障，其功用一是挡灰尘、汗水，二是美观。眉毛要强调自然美，若眉毛天然整齐细长，浓淡适中，化妆时可不描眉；若眉毛稀疏不匀，粗而杂乱，则需拔掉不在合适位置上的眉毛，用眉笔进行修正。古典派的审美是眉要弯细，或曲如新月，或淡若远山；现代派流行的是眉要平直浓秀，称“新潮眉”。无论如何，画眉的样式要适合眼睛的形状，才会相得益彰。

5）上腮红。涂腮红要因人而异，不可千篇一律。长形脸宜横涂，宽形脸宜直涂，瓜子脸则以面颊中偏上处为重点，然后向四周散开。至于腮红的颜色，白天宜选用玫瑰红或粉红，晚间宜选用曙红。

6）涂口红。涂口红可增加嘴唇的血色感，使人更具活力和美感。一般宜选用接近嘴唇的颜色，如淡紫红色既真实又鲜明。涂口红时还要根据嘴唇形状涂抹，厚嘴唇可涂得淡些，薄嘴唇可涂得厚些、圆些，以增加美感。社会上流行的黑色或紫色唇膏对饭店服务人员来说，是不可取的。

此外，化妆还要注意季节的变化。夏季出汗多宜淡妆，冬季可浓些。

三、面部与手的卫生

1. 口腔清洁

保持口腔清洁是讲究礼仪的重要条件。要坚持每日早晚刷牙。刷牙可以减少口腔细菌，清除牙缝里的食物残渣，防止牙石沉积。常规的牙齿保洁应做到“3 个 3”，即 3 顿饭后都要刷牙，每次刷牙的时间不少于 3 分钟，每次刷牙的时间在饭后 3 分钟之内。

平日要多吃蔬菜、水果和粗糙的谷类，以清洁牙齿。要做到不吸烟，不喝浓茶，以免牙齿变黄变黑。上班前不能喝酒，忌吃大葱、大蒜、韭菜等有刺激性异味的食物。

进餐时应闭嘴咀嚼，不可在人前露出满口牙齿或发出很大响声。进餐后如要剔牙，应用手或餐巾掩盖，切不可当众剔牙。

2. 鼻腔清洁

要保持鼻腔的清洁，在他人面前不要挖鼻孔，这样既不文雅，也不卫生。在接待宾客前，应检查自己的鼻毛是否过长。如过长应用小剪刀剪短，不要当众去拔。

3. 耳部清洁

耳部虽然比较隐蔽，但是对于头发盘起的女士和短发的男士来说，在近距离接触时还是比较容易给宾客留下印象。在洗脸和洗澡时，应同时清洁外耳部，不要有耳垢。此外，也不可以当众掏耳屎。

4. 眼部清洁

在每次洗脸及上洗手间时，应关注眼部的清洁问题。不可以当众擦眼屎。

5. 手部清洁

手的清洁与否与一个人的整体形象密切相关，反映一个人的修养与卫生习惯。要随时清洁双手，指甲要及时修剪并保持清洁。不得留长指甲，指甲的长度以手心向自己时看不到指甲为宜。饭店服务人员不宜涂色彩艳丽的指甲油，可选择透明的护甲油。

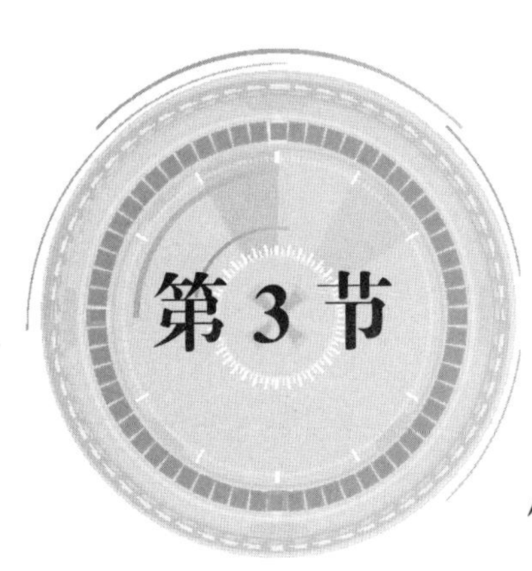

第 3 节 饭店服务人员的服饰礼仪

饭店服务人员的着装蕴含着一定的文化品位和管理思想。着装要适合饭店服务人员的身材和不同岗位的要求，在工作中穿上岗位制服要感觉舒服，显得精神，能起识别和象征作用，体现出不卑不亢、热情大方的职业风度。

饭店管理者在选择制服的时候，应根据特定的工作环境和宾客类型选择令双方感觉良好的颜色与款式，应注意服装整体上具有时代气息，符合不同场合宾客的审美需求，并与其心境相呼应。例如，前厅制服要华贵庄重，餐厅制服要温暖明快，客房制服要柔和安静，酒吧制服要幽雅静谧，舞厅制服要热烈活泼等。

一、制服穿着一般规范

制服是标志一个人从事何种职业的服装。饭店服务人员穿上醒目的制服不仅是对宾客的尊重，而且便于宾客辨认，同时也使穿着者有一种职业自豪感、责任感和可信度，是敬业、乐业在服饰上的具体表现。

1. 整齐

制服必须合身，注意四长（袖至手腕、衣至虎口、裤至脚面、裙至膝盖），四围（领围以插入一指大小为宜，上衣的胸围、腰围及裤裙的臀围以穿一套羊毛衣裤的松紧度为宜）。内衣不能外露。不挽袖卷裤。不漏扣，不掉扣。领带、领结与衬衫领口的吻合要紧凑且不系歪。工号牌或标志牌要佩戴在左胸的正上方（见图 2—1），领章类的标志可以佩戴在西服的领子上（见图 2—2）；有的岗位还要戴好手套与帽子。

图 2—1　工号牌的佩戴

图 2—2　领章的佩戴

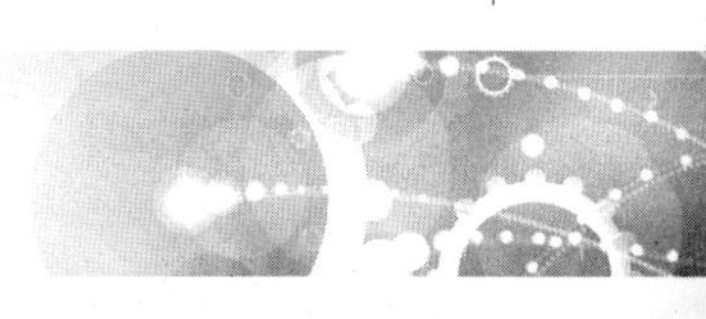

2. 清洁

要做到衣裤无油渍、污垢、异味。领口与袖口尤其要保持干净。

3. 挺括

衣裤不起皱，穿前烫平，穿后挂好，做到上衣平整、裤线笔挺。

4. 大方

款式简洁高雅，线条自然流畅。

二、男士西服穿着规范

得体整洁的西服，是工作态度、价值取向、生活哲学、审美情趣的外延。西服作为一种国际性服装，充分展现着人们在正式社交场合的形象。一套合体的西服，可以使穿着者显得潇洒、精神、风度翩翩。

1. 讲究规格

男士西服有两件套（见图 2—3）、三件套（见图 2—4）之分，穿着时必须整洁、笔挺。

图 2—3　两件套西服

图 2—4　三件套西服

正式场合穿着西服时，以穿同一面料、同一颜色的套装为好，内穿单色衬衫，系领带，夹领夹，穿皮鞋。如果穿三件套西服，在正式场合不能脱下外衣。按国际惯例，西服里面不加毛背心或毛衣。在我国，最多也只能加一件 V 字领羊毛衫，否则会显得十分臃肿，破坏西服的线条美。

2. 穿好衬衫

衬衫的领子要挺括，衬衫的下摆要塞在裤子里，衬衫衣袖要稍长于西服上装衣袖 1 ~ 2 厘米，以显示穿着的层次。

3. 系好领带，夹好领夹

西服驳领间的 V 字区最为显眼，领带处在这个部位的中心，领带的领结要饱满，与衬衫的领口吻合要紧凑，领带的长度以系好后大箭头垂到皮带扣处为最佳（见图 2—5）。领带夹一般夹在衬衫的第三粒到第四粒纽扣之间为宜（见图 2—6）。

图 2—5　领带的佩戴方法

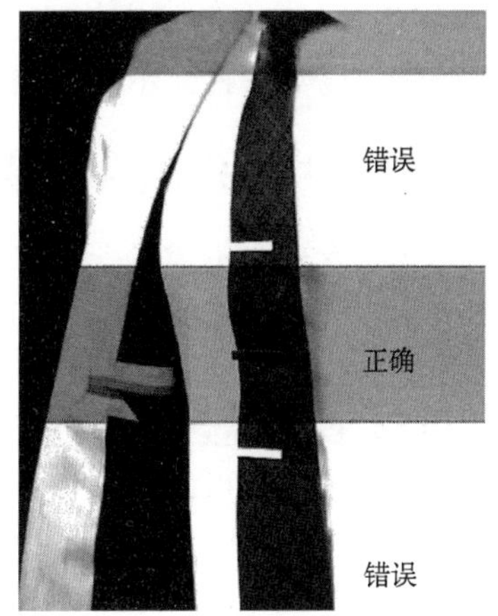

图 2—6　领带夹的位置

相关链接

领带上的“小酒窝”

从服务人员的角度来看，领带结应该饱满、无褶皱。但是，在国际礼仪中也有这样一种说法：一套完美的西服，任何地方都不应该有褶皱，除了如图 2—7 所示位置，即“小酒窝”。

图 2—7　领带上的“小酒窝”

4. 用好口袋

西服上衣两侧的口袋只作装饰，不可装物品，不然会使西服上衣变形。西服上衣左胸部的口袋只可放折叠好的装饰手帕，有些物品（如票夹、名片盒等）可放在上衣内侧口袋里。裤袋一般不装物品，以求臀位合适、裤形美观。

5. 系好纽扣

西服有单排扣、双排扣之分。双排扣西服一般要求把全部纽扣系上，以示庄重。单排三粒扣的一般只系中间一粒。两粒扣的只系第一粒（也称“风度扣”），或全部不系，在正式场合要求把第一粒纽扣系上，在坐下时方可解开。

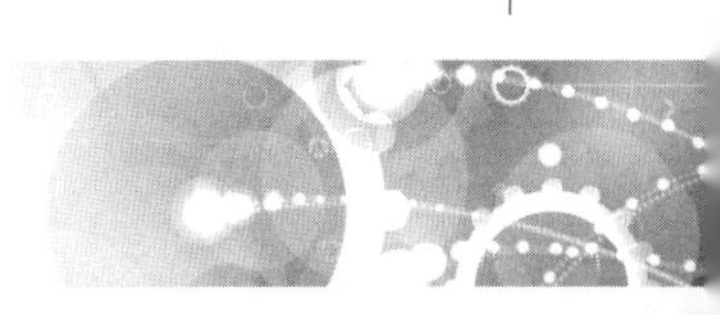

6. 穿好皮鞋

穿西服一定要穿皮鞋，不能穿旅游鞋、轻便鞋、布鞋或露脚趾的凉鞋。

三、女士西服套裙穿着规范

西服套裙是女士在正式场合的首选服装之一，它把潇洒、刚健的西服上衣与柔美、雅致的裙子结合在一起，刚柔相济，相得益彰。女性饭店管理人员的服装一般是西服套裙，着西服套裙要把握以下着装规范。

1. 大小适度，穿着到位

套裙中的裙子最长可以达到小腿中部，上衣袖长以盖住着装者的手腕为宜。无论上衣还是裙子，都不可过于肥大或包身。另外，着西服套裙时要认真穿好，上衣不能披或搭在身上，裙子要穿得端端正正、上下对齐，纽扣系好，裙子拉链拉好。上衣最短可以齐腰。

2. 搭配适当，装饰协调

与西服套裙配套的衬衫，面料要轻薄柔软，色彩要雅致端正，以单色为宜。衬衫的色彩与所穿套裙要互相匹配，或外深内浅，或外浅内深。装饰品讲究以少为佳，合乎身份，少至不戴，多不超过三件，浓妆艳抹、珠光宝气会破坏整体和谐。

女士内衣包括胸罩、内裤、腹带、吊袜带、连体衣、衬裙等。按服饰礼仪要求，内衣不得外露，不得外透，衬裙不可高于套裙的裙腰。鞋以黑色皮鞋为佳，袜子以肉色长筒连裤袜为宜。鞋袜应大小相宜无破损，袜口不可暴露于外。

3. 兼顾举止，优雅稳重

着裙装者应注意自己的仪态，站则亭亭玉立，坐则优雅端正，行则轻盈流畅。着裙装者走路应以小碎步为宜，行进之中，步子以轻、稳为佳。

特别提示

女性在着裙装时，宁可不穿袜子，也不允许穿一双高度低于裙摆，并使小腿部分暴露出来的袜子。此谓“三截腿”，不仅失礼，也无美感。

四、饰品佩戴规范

在社交活动中，人们除了要注意服装的选择外，还可根据不同的场合佩戴饰品，这样既能起点缀作用，也可以在一定程度上体现自己的身份地位。

狭义的饰品通常指首饰，即戒指、耳饰、项链、胸花（胸针）等；广义的饰品可以包括更多，如手表、领带夹、眼镜、皮带、女士腕带等。下面介绍几种常用的饰品。

1. 戒指

戒指是男女皆可佩戴的首饰。在正式场合，戒指的不同戴法有固定的含义，一定要严格区分，避免失礼。一般来讲，戒指在手指上的含义是这样的：戴在食指上，表示尚未恋爱，正在求偶；戴在中指上，表示已有意中人，正在恋爱；戴在无名指上，表示已正式订婚或已结婚；戴在小指上，则表示目前为独身状态。一般情况下，一只手上只戴一枚戒指，戴两枚或两枚以上的戒指是不适宜的。选择戒指应注意和自己的手形相配，参加涉外活动时佩戴的戒指以传统式样为好。

2．耳饰

耳饰是女性的主要首饰，其使用率仅次于戒指。

（1）根据脸形特点佩戴耳饰。女士有长形脸、方形脸、圆形脸、三角形脸、椭圆形脸等，适宜的耳饰见表2—3。

表2—3　根据脸形特点佩戴耳饰

脸形	适宜的耳饰
长形脸	宜佩戴圆拱形大耳环，可以将别人的视线引向闪光、漂亮的首饰。由于视线横向移动，产生了宽度感，有利于改变长形脸形象
方形脸	宜佩戴贴耳式耳饰，造型可以是心形、椭圆形、花形、不规则几何形等。这些耳饰的形状、色彩、光亮度形成的扩张感可以减弱下巴的宽度感
圆形脸	宜佩戴有坠耳饰，可以利用耳饰垂挂所形成的纵向长度，使圆形脸的外轮廓有所改观。但不宜佩戴圆形耳环，因为耳环的小圆形与脸的大圆形组合在一起，会加强“圆”的观感
三角形脸	宜佩戴星点状的贴耳式耳饰，这样可使头部的发型更加生动，从而使下颌的宽度不太显眼
椭圆形脸	椭圆形脸俗称鹅蛋脸、瓜子脸，被认为是一种比较理想的脸形。它不仅适合梳理各种发型，而且也适合佩戴各种耳饰

（2）耳饰与发型的配合。耳饰的点缀可以使发型更为丰满多姿，发型的衬托又令耳饰熠熠生辉。黑色的头发与任何一种耳饰的颜色相配，均能产生良好的效果。

（3）耳饰与服装的配合。耳饰的款式造型、材料及色彩都与服装的样式、面料、色彩等有密切的关系。如穿丝绸、软缎等轻薄面料，宜佩戴轻盈、精致的耳饰，使整体形象显现出一种俏丽、优雅的美感。穿呢料、裘皮、羊绒等厚重面料，宜佩戴贵重的金银珠宝耳饰，以显示衣着者的高贵与典雅。

3．项链

项链也是受到女性青睐的主要首饰之一。它的种类很多，大致可分为金属项链和珠宝项链两大系列。

（1）佩戴项链应和自己的年龄及体形相协调。脖子细长的女士佩戴方丝链，更显玲珑娇美。脖子短的女士适合佩戴颗粒小而长的项链，以从视觉上增加脖子的长度。马鞭链粗实成熟，适合年龄较大的妇女选用。青年人肤色滋润，宜选择质地颜色好、款色新颖的项链，如象牙、珍珠项链，更显得和谐、文静。

（2）佩戴项链应和服装相呼应。例如，身着柔软、飘逸的丝绸衣裙时，宜佩戴精致、细巧的项链，显得妩媚动人；穿单色或素色服装时，宜佩戴色泽鲜艳的项链，在首饰的点缀下，服装色彩可显得活跃、丰富。

4．胸花

胸花也叫襟花（见图2—8），多用于宴会、招待会、开业典礼或特别的节日。胸花与衣服有对比美，又有协调美。

5．手帕

在社交活动中，手帕也是装饰品。着西服时，很讲究手帕饰（见图2—9），在西服左上袋露出折叠成三角形、三尖形、双尖形、隆起式、花瓣式等形状的手帕，使人更有风度。

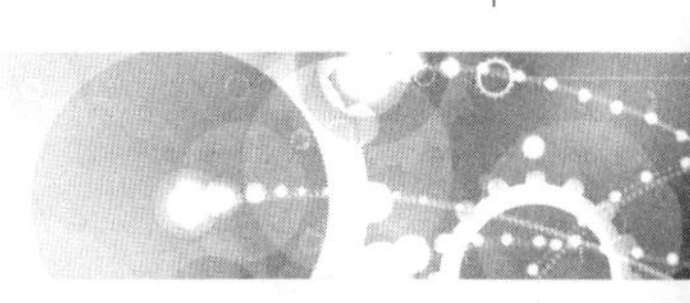

图 2—8　襟花

图 2—9　手帕饰（西服巾）

在涉外工作岗位上，首饰要限量佩戴，一般以不多于三件为宜。首饰的材料和颜色应尽量保持统一，如不要用珍珠项链配碧玉手镯再加黄金镶钻戒指，这样会显得杂乱、没有品位。在选择其他饰物的时候，也要考虑这些物品和首饰在颜色和风格上是否匹配，如西服巾属于非常正式的饰物，如果与粗犷的皮质手环搭配，就会显得十分不协调。

服务场合和社交场合有很大的区别，服务人员佩戴的饰品不宜过于贵重，款式也应以简洁大方为主。有些高星级酒店和高档会所甚至规定员工最多只能佩戴一枚简单的婚戒。从服务心理学的角度来看，如果服务人员以佩戴饰物来显示自己的华贵娇艳，将会产生不良的影响，引起宾客的不快。

第3章

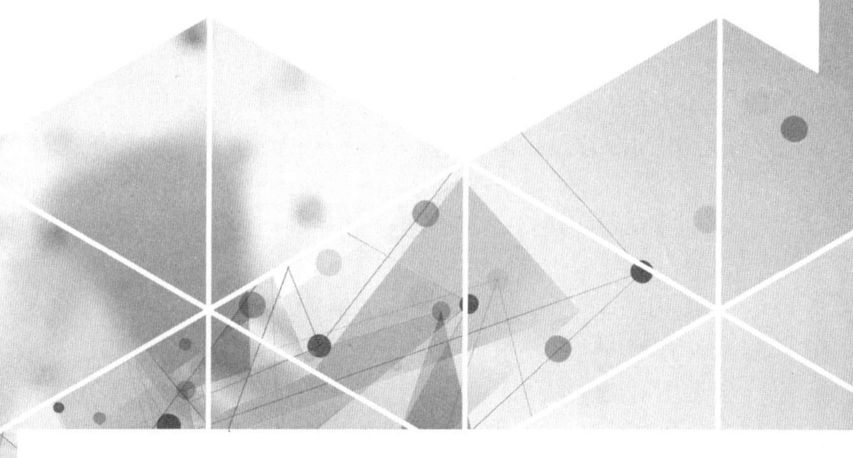

饭店服务人员言谈举止礼仪

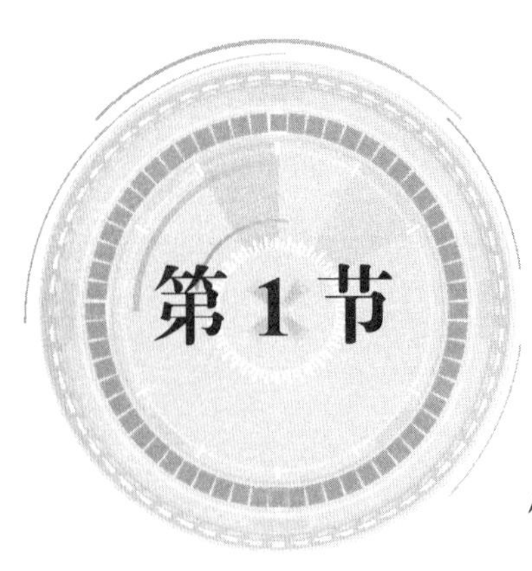

第1节 饭店服务人员的礼貌用语

一、礼貌用语的基本概念

语言是社会交际的工具，是人们表达意愿、思想情感的媒介或符号。接待工作离不开语言，服务语言离不开礼貌。礼貌用语是接待工作人员用来向宾客表达意愿、交流思想感情和沟通信息的重要交际工具，是一种对宾客表示友好和尊敬的语言。

俗话说："良言一句三冬暖，恶语伤人六月寒。"这句话形象地描述了使用礼貌用语的效果。饭店服务的过程，就是从问候宾客开始，到和宾客告别结束。语言是完成各项接待工作的重要手段，因此在工作中必须十分讲究语言艺术。语言艺术主要表现在以下四个方面。

一是语言的准确性。所谓准确性，首先是音质清亮洁净，不能含糊生硬；其次是言之有物，用词恰当，不能夸大其词，不能把话说绝，应留有余地。

二是语言的音乐性。所谓音乐性，就是要有节奏感，即抑扬顿挫，不要平铺直叙。说话要讲究高低快慢，不能像打机关枪似的。讲话要使人感到有行云流水之感、舒适欢欣之情。

三是语言的生动性。所谓生动性，就是达到绘声绘色的境界，使人们产生共鸣，好似身临其境。这就要求饭店服务人员必须掌握丰富的知识和恰当的语言词汇，注意修辞，学会运用对比、夸张、借代、比喻等手法，使语言艺术化、口语化、形象化，创造出生动的"语言画面"，以达到宾主之间相互理解和产生共鸣的效果。

四是语言的情感性。所谓情感性，就是要"情真意切"，说话与眼神、手势、面部表情结合起来。

二、饭店礼貌用语的作用

以礼貌为基调的服务语言有四个要素：以宾客为中心、热情诚恳的态度、精确通俗的内容、清晰柔和的表达。它们构成了"一个中心三个基本点"的"金三角"关系。礼貌用语对优质服务的发挥有不可低估的作用。

1. 使用礼貌用语关系国家声誉

我国素以语言文明、礼貌待客蜚声中外。如果说话不注意文明礼貌，伤害了宾客的自尊心，宾客就会对中国这个“礼仪之邦”产生负面看法，对社会主义精神文明产生怀疑，将对我国的声誉产生不良影响。

2．使用礼貌用语直接反映饭店服务的质量和管理水平

对于饭店服务人员能否使用文明礼貌用语，宾客是相当敏感的。如果服务人员稍不注意，工作时语言粗鲁，态度生硬，那么再好的设施、设备也不会令宾客满意。

3．使用礼貌用语是饭店服务人员自身素质的体现

俗话说：“言为心声。”准确亲切的语言可以反映饭店服务人员的文化修养和精神面貌，在很大程度上能左右宾客对饭店服务的评价。

三、饭店礼貌用语的特点

1．礼貌性

饭店服务人员在工作中，对宾客服务时说的每一句话，都应该正确地使用各种礼貌语言，使宾客受到充分的尊重。这一点在饭店服务的“五声”要求中，体现得最为明显。“五声”具体为：宾客到来时有迎客声，遇到宾客时有称呼声，受到帮助时有致谢声，麻烦宾客时有道歉声，宾客离去时有送客声。

2．主动性

在饭店服务过程中，使用礼貌用语，应当成为服务人员主动而自觉的行动。只有这样，饭店服务人员在使用礼貌用语时方能做到口到、心到、意到。

3．约定性

饭店服务人员常用的礼貌用语在内容与形式上往往都有明确的要求和规定，是长久以来在服务过程中形成的。所以，对其只能完全遵从，而不宜“另辟蹊径”。

4．亲切性

饭店服务人员在运用礼貌用语时，还必须力求做到亲切自然。让宾客听在耳中，暖在心里，心领神会。那些没有情感的服务语言，会让宾客觉得是例行公事、虚情假意，也就无法产生共鸣。

四、饭店礼貌用语的要求

1．态度要诚恳、亲切

人是有感情的，也最讲感情，而人的感情一般是通过语言和表情流露出来的。人们常说“言以传情，情以动人”，就是这个道理。因此，说话时的神态、表情十分重要。例如，当你向别人表示祝贺时，如果嘴上说得非常动听，而表情却冷冰冰的，那对方会认为你只是敷衍而已。同样，当你向别人表示慰问而神态却显得很不专心时，对方也会认为你是在故作姿态。这样，对方不但不会感激你，反而会引起疑虑甚至反感。所以，礼貌用语首先必须做到态度诚恳亲切，也就是必须让对方对你产生表里一致的印象。

2．用语要谦逊、文雅

饭店服务人员对宾客应使用敬语，如称人时用“您”“先生”“夫人”“女士”“小姐”等，与别人联系时用“请问”“劳驾”“敬请光临”“请大力协助”“请多关照”等。在接待宾客时，应坚持使用委婉文雅的语言。如用“几位”代替“几个人”，用“哪一位”代替“谁”，用

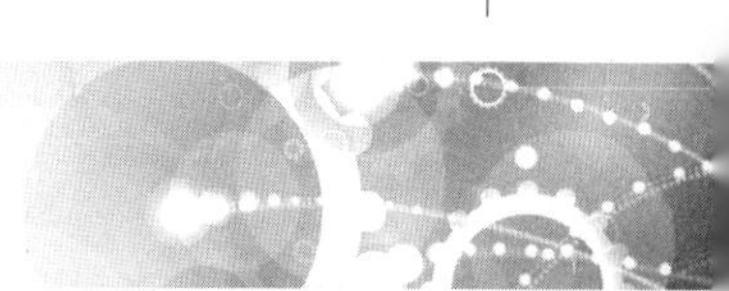

“贵姓”代替“你姓什么”，用“不新鲜”“有异味”代替“发霉”“发臭”，用“洗手间”“盥洗室”代替“厕所”。现在，人们常称厕所为“让人轻松的地方”或“让人愉快的地方”，这样听起来更文雅，免去粗俗感。

3. 声音要优美、动听

饭店服务人员在接待宾客时发音要标准，无论是讲普通话还是外语、方言，咬字要清晰，尽可能讲得标准；嗓音要动听，增加语言的感染力与吸引力；音量要适度，以宾客听得清楚为准，轻声比提高嗓门令人感到悦耳，切忌大声说话；语调要婉转、抑扬顿挫、有情感，使听者感到亲切和自然；语速要适中，避免连珠炮式说话，轻柔甜润的话语定会使宾客满意。

4. 表达要灵活、恰当

饭店服务人员在使用礼貌用语时还必须察言观色，随时注意宾客的反应。针对不同的对象、不同的性别和年龄、不同的场合，灵活地运用不同的用语，有利于沟通和理解，从而避免产生矛盾，或使矛盾得到缓解。

相关链接

如何做到表达灵活、恰当？

不论是在饭店服务场所，还是在其他服务性行业，根据宾客的不同特质选择恰当的应对方式，是优质服务最基本的要求。然而，宾客进入服务场所时，却并不会主动告诉服务人员自己的心情如何、性格如何，那么如何来判断呢？

一般来说，可以通过宾客的服饰、语言、肤色、气质等去判断宾客的身份，通过宾客的面部表情、语气轻重、走路姿态、手势等行为举止来领悟宾客的心境。遇到语言激动、动作急躁、举止不安的宾客，要特别注意使用温柔的语调和委婉的措辞；而稳重的宾客则可能对服务有更高的要求，需要更加细致、全面和周到的服务。对待宾客投诉，说话时更要谦虚、谨慎、耐心、有礼貌，要设身处地为宾客着想，投其所好，投其所爱。

总体来说，要善于通过观察、倾听，学会揣摩宾客的心理，以灵活的言语来应对各种宾客。

五、饭店礼貌用语的基本类型

1. 称呼语

称呼语是指饭店服务人员对宾客的尊称。选择恰当的称呼语，是一次优质服务的良好开端。在工作中可以根据不同的情景，进行具体的选择。

（1）职务性称呼

——仅称职务，如经理、主任。

——姓氏＋职务，如张经理、王主任。

——姓名＋职务，如张平经理。

（2）职称性称呼

——仅称职称，如教授。

——姓氏 + 职称，如李教授。

——姓名 + 职称，如李强教授。

（3）学衔性称呼

——仅称学衔，如博士。

——姓氏 + 学衔，如刘博士。

——姓名 + 学衔，如刘洋博士。

——学衔的具体化，如管理学博士刘洋。

（4）行业性称呼。例如，教练、大夫、警官等。如果行业不明，可视情况称先生、小姐、女士。

（5）姓名性称呼。一般用在熟人之间，可以直呼全名，也可只称其名而不加姓氏。

特别提示

一些特殊情况的具体处理

1. 当一人身兼数职时，如无特殊情况，应选择最高职位称呼；也可以参考会议的具体性质，选择关联度最高的称呼。

2. 对相交不深或者初次见面的宾客应称“您”，不能对宾客直呼其名。

3. 多人交谈的场合，应遵循先上后下、先长后幼、先女后男、先疏后亲的顺序进行称呼。

4. 对一些特殊人群，尤其是有明显残疾的人，避免使用刺激性或蔑视性的语言。

在涉外场合正确使用称呼非常重要，切忌使用“喂”来招呼宾客。英、德等国家对头衔非常看重，如对方有博士学位，在称呼时一定不能省略。即使对称呼较为随便的美国人，在不熟悉的情况下，最好还是称“×× 先生”“×× 夫人”“×× 小姐”为好。如果称呼不当，会伤害对方的感情，或者被对方认为缺乏教养。总之，在称呼上要多加学习研究，善于正确使用，以免造成误会。

2. 问候语

问候语是指接待宾客时，根据时间、场合和对象的不同，所使用的规范化用语。在工作中，正确、主动使用问候语，能拉近与宾客之间的距离。

（1）与宾客见面，应主动说：“您好，欢迎到 ×× 来。”“您好，欢迎光临。”“女士们，先生们，欢迎光临。”“您好，×× 小姐（先生），我们一直在恭候您的光临。”“您好，见到您很高兴。”

（2）按不同的见面时间问候宾客：“您早！”“早上好！”“下午好！”“晚上好！”

（3）根据工作情况需要，在使用上述问候语的同时，最好紧跟其他一些礼貌用语。例如，“先生，您好，欢迎光临，请！”“早上好，先生，您有什么事要吩咐吗？”“您好，小姐，需要我帮忙吗？”“晚上好，夫人（太太），旅途辛苦了，请先在这休息一会儿吧。”这样就会使对方倍觉自然和亲切。

（4）涉外接待人员要掌握用外语和外宾习惯来问候。例如，初次见面问候用“How do you do!”问候熟人则可用“How are you！”千万不能用“您吃饭了吗？”“您上哪儿去啊？”

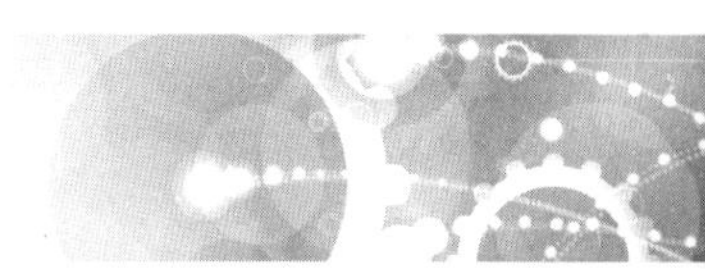

这类话。这类话在中国习以为常，可在外宾听来会产生误会，或者认为是干涉他的私事。

（5）向宾客道别或给宾客送行时可说："晚安！""再见！""明天见！""谢谢光临，欢迎再来。""祝您一路平安。"

（6）遇到节日、生日等喜庆日子，应说："祝您圣诞快乐！""祝您生日快乐！""祝您健康长寿！""新年好！""恭喜发财！""大吉大利！"但也应考虑入乡随俗，如对香港、广东等地宾客，习惯上说愉快而不说快乐（因粤语"乐"与"落"同音，是他们的忌讳之字）。

（7）宾客患病或身体不适时，应主动表示关心，可以说："请多保重！""祝您早日康复！"

（8）当气候发生变化时应说："当心感冒（着凉）。""请带好雨具。"

（9）接待体育、文艺代表团时，应说："祝您在比赛中获胜！""祝您演出成功！""您的表演真精彩。"

3．服务语

服务语是饭店服务人员在进行服务工作时的礼貌用语。

（1）对前来的宾客说："您好，我能为您做什么？""请问，我能帮您什么忙？"

（2）引领宾客时说："请跟我来。""这边请。""里边请。""请上楼。"

（3）接受宾客吩咐时说："好，明白了！""好，马上就来！""好，听清楚了，请您放心！""好，知道了！"

（4）听不清或未听懂宾客问话时应说："对不起，请您再说一遍。""很对不起，我还没有听清，请重复一遍，好吗？"

（5）不能立即接待宾客时应说："对不起，请您稍候。""请稍等一下。""麻烦您，等一下。"

（6）对等待的宾客打招呼时说："对不起，让您久等了。"

（7）接待失误或给宾客添麻烦时应说："实在对不起，给您添麻烦了。""对不起，刚才疏忽了，今后一定注意不再发生这类事。请再次光临指导。"

（8）有事要问宾客时应说："对不起，我能不能问一个问题？""对不起，如果不麻烦的话，我想问一件事。"

（9）当宾客表示感谢时应说："不用谢，这是我应该做的。""别客气，我乐于为您服务。"

（10）当宾客误解致歉时应说："没关系。""这算不了什么。"

（11）当宾客赞扬时应说："谢谢，过奖了，不敢当。""承蒙夸奖，谢谢您了。""谢谢您的夸奖，这是我应该做的。"

（12）当宾客提出过分或无礼要求时应说："这恐怕不行吧。""很抱歉，我无法满足您的这种要求。"此时，必须沉得住气，婉言拒绝，表现得有教养、有风度。

（13）宾客来电话时应说："您好，这里是××，请讲。""我能为您做什么？"如电话铃响三遍后才接电话，应先说："对不起，让您久等了。"

六、饭店服务忌语

饭店服务忌语通常是指饭店服务中的忌讳语，即服务人员在服务宾客时不宜使用，并应当避免使用的某些词语。使用服务忌语导致的伤害是相互的，在伤害宾客的同时，也对服务人员自身形象和饭店形象造成伤害。饭店服务忌语见表3—1。

表 3—1　　**饭店服务忌语**

类型	举例	相关要求
不尊重	“老家伙”“傻子”“呆子”“侏儒”“瞎子”“聋子”“瘸子”“肥”“矮”等	在服务过程中，任何对宾客缺乏尊重的语言，尤其是与其身体条件、健康条件方面相关的某些忌讳，服务人员均不得使用
不友好	“你消费得起吗？”“没钱还来干什么？”“装什么大款！”“一看就是穷光蛋！”“你算什么东西？”“瞧你那副德行！”“我就是这个态度！”等	在任何情况之下，都绝对不允许服务人员对服务对象采用不够友善、甚至满怀敌意的语言
不耐烦	“我也不知道。”“那上面不是写了吗？”“着什么急？”“找别人去。”“累死了。”“烦死人了。”等	要提高服务质量，就要在接待宾客时表现出应有的热情与足够的耐心。要努力做到：有问必答，答必尽心，百问不烦，百答不厌，不分对象，始终如一

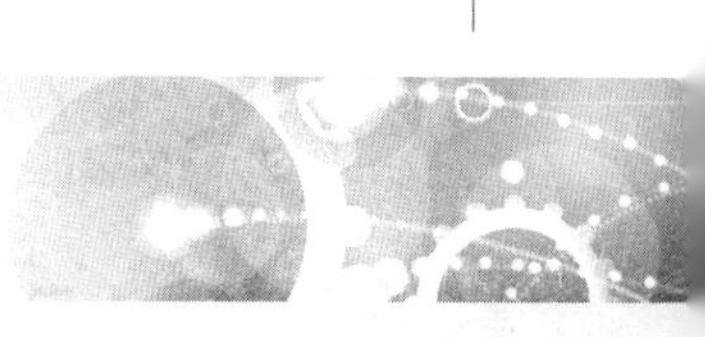

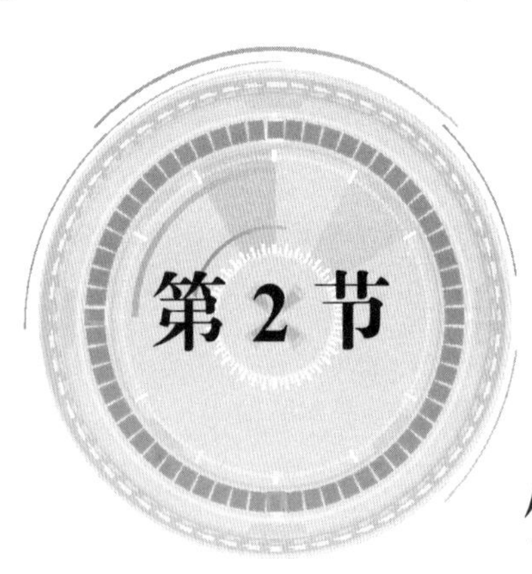

第 2 节 饭店服务人员的举止礼仪

在人际交往中，人们的感情流露和交流经常会借助于人体的各种姿态，这就是人们通常所说的“体态语言”。它作为一种无声的“语言”，在生活中使用广泛，在饭店服务工作中有着特殊的意义和重要的作用。一个人的风度是在漫长的生活实践和不同形态的历史文化氛围中逐渐形成的，它是一个人行为举止的综合，是社交中的无声语言，是个人性格、品位、情趣、素养、精神世界和生活习惯的外在表现。

一、站立姿势礼仪

站姿的基本要求是：站要端正、自然、亲切、稳重，也就是人们常说的“站如松”，即站得要像松树一样挺拔。正确的站姿要领是：上身正直，头正目平，面带微笑，微收下颌，挺胸收腹，腰直肩平，两臂自然下垂，两腿相靠站直，肌肉略有收缩感。饭店服务人员的站姿见表 3—2。

表 3—2　饭店服务人员的站姿

图示	说明
	侧放式站姿 侧放式站姿是男女通用的站立姿势，有的地方也称标准式站姿，相当于军人的立正姿势，但要稍微放松一些 脚掌分开呈 V 字形，脚跟靠拢，两膝并紧，双手放在腿部两侧，手指稍弯曲，呈半握拳状

续表

图示	说明
	前腹式站姿（女性） 前腹式站姿是女性常用的站立姿势。脚掌分开呈 V 字形，脚跟靠拢，两膝并紧，双手相交放在小腹部
	前腹式站姿（男性） 有些服务场所中，男士也使用前腹式站姿，只是与女性的手形和脚形有所不同。保留男士后背式的脚形，并且借鉴男士后背式的手形，只是从后背放到腹前
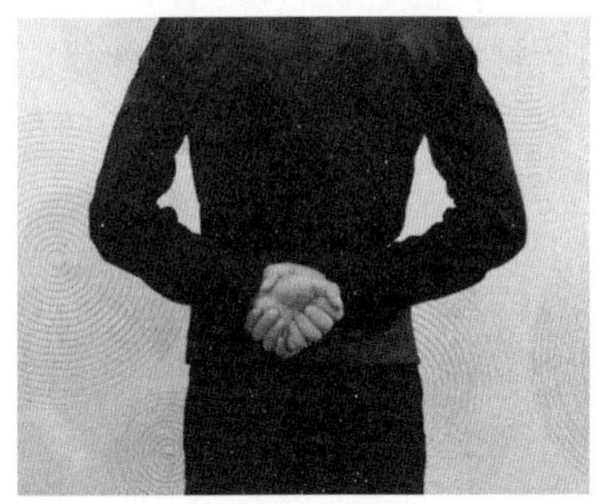	后背式站姿 后背式站姿是男性常用的站立姿势。两腿稍分开，两脚平行，比肩宽略窄些，双手在背后轻握放在后腰处
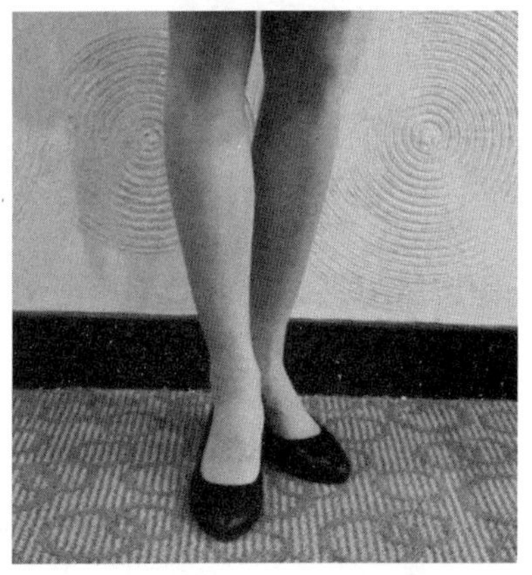	丁字式站姿 丁字式站姿是仅限女性使用的站立姿势。一脚在前，将脚跟靠于另一脚内侧，两脚尖向外略展开，形成一个斜写的“丁”字，双手在腹前相交，身体重心在两脚上

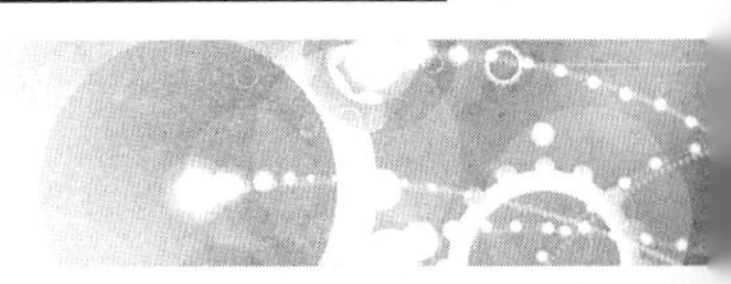

相关链接

站姿训练

不论哪一种站姿，挺胸收腹都是难点。

在日常训练中可以通过这样一个练习来解决这个难点：双脚并拢，脚后跟靠墙，小腿肚靠墙，臀部靠墙，两肩靠墙，后脑勺靠墙，抬起左手，手臂伸直靠墙，右手手臂也伸直靠墙。每次坚持 5 分钟，后期可以根据自己的承受度适当延长时间。

这个训练不仅可以帮助修正站姿中的错误，更可以塑造良好的体形。

站久太累时，可变换姿势，将身体重心移到左脚或右脚上。无论哪一种姿势，切忌双手抱胸或叉腰，也不可将手插在衣裤袋内，更不可将身体东倒西歪靠在物体上，因为这些动作都是傲慢和懒散的表现。在正式场合，不要下意识地做小动作，如摆弄打火机、香烟盒，玩弄衣带、发辫，咬手指甲等。这样不但显得拘谨，给人们缺乏自信和经验的感觉，而且也有失仪表的庄重。

二、行进姿势礼仪

正确的步姿要求是“行如风”，即走起路来要像风一样轻盈。其基本要领是：上身正直不动，两肩相平不摇，两臂摆动自然，两腿直而不僵，步度适中均匀，步位相平直前。走路正常的人，脚印应是正对前方。此外，还要注意步位、步速和步度。

1. 步位

步位是指两脚下落到地面的位置。男子行走，两脚跟交替前进在一线上，两脚尖稍外展。有些个子比较高大的男性，为了避免显得女性化，两脚后跟可以略微分开一些。女子行走，两脚要踏在一条直线上，脚尖正对前方，称“一字步”，以显优美。某些礼仪专家认为，一字步的平衡性较弱，因此也提出女性两脚的内侧在同一条直线上即可。

2. 步速

步速是指行走的速度。一般来说，男子每分钟 108 ~ 110 步，女子每分钟 118 ~ 120 步。遇有急事，可加快步速，但不可奔跑。

3. 步度

步度也称步幅，是指跨步时两脚间的距离，一般为 30 ~ 40 厘米。步度大小跟服饰、鞋也有一定关系。例如，男子穿西服时，步度可略大些，以体现出挺拔、优雅的风度；女子着旗袍和中跟鞋时，步度宜小些，以免旗袍开衩过大，露出大腿，显得不雅；女子着长裙行走要平稳，步度可稍大些，因长裙的下摆较大，更显得女子修长、飘逸、潇洒；年轻女子穿着短裙（裙摆在膝盖以上）时，步度不宜过大，步速可稍快些，以保持轻盈、活泼、灵巧、敏捷的风度。

走路最忌“内八字”和“外八字”；其次是弯腰驼背、摇头晃脑、大摇大摆、上颠下簸；也不要大甩手、扭腰摆臀、左顾右盼，不要脚蹭地面，不要将手插在裤兜里。

三、蹲姿礼仪

蹲是由站立的姿势转变为两腿弯曲和身体高度下降的姿势。蹲姿其实只是人们在比较特殊的情况下采用的一种暂时性的体态。蹲姿与站姿、坐姿一样，男女的区别非常大，其重点在于“膝盖是否并拢”。不论是蹲式服务，还是蹲拾物品，都有几种常见的蹲姿。

1. 高低式蹲姿

高低式蹲姿的基本特征是双膝一高一低。以左前右后为例：下蹲后，左脚在前，右脚在后；左脚完全着地，小腿基本垂直于地面；右脚脚掌着地，脚跟提起；右膝低于左膝，形成左膝高右膝低的姿态；臀部向下，基本上以左右腿支撑身体。

女性要注意靠紧双腿，男性两腿之间可有适当距离。如果是用左手捡拾物品，可走到物品的右侧，用左手从侧面拾起物品；反之亦然。

2. 交叉式蹲姿

交叉式蹲姿通常适用于女性，尤其是穿短裙的人员，它的特点是形态优美典雅。其要求是：下蹲时，右脚在前，左脚在后，右小腿垂直于地面，全脚着地，右腿在上，左腿在下，两腿交叉重叠；左膝由后下方伸向右侧，左脚跟抬起，并且脚掌着地；两脚前后靠近，合力支撑身体；上身略向前倾，臀部朝下。当然，左右脚也可以互换。

四、坐姿礼仪

坐姿的基本要求是“坐如钟”，即要坐得像钟那样端正。对饭店服务人员来说，还要注意坐姿的文雅自如，这是体态美的重要内容。具体要领有：入座时，轻而缓，走到座位前面转身，右脚后退半步，左脚跟上，然后轻轻地坐下；女子入座时，要用手把裙子向前拢一下；坐下后，上身正直，头正目平，嘴巴微闭，脸带微笑，腰背稍靠椅背；两手相交放在腹部或两腿上；两脚平落地面，男子两膝间的距离以一拳为宜，女子则以不分开为好。

还要根据凳面的高低及有无扶手，注意两手、两脚、两腿的正确摆法。

两手的摆法：有扶手时，双手轻搭或一搭一放；无扶手时，两手相交或轻握放于腹部，或左手放在左腿上、右手搭左手背上，或两手呈八字形放于腿上。

两腿的摆法：凳高适中时，两腿相靠或稍分开，但不能超过肩宽；凳面低时，两腿并拢，自然倾斜于一方；凳面高时，一腿搁于另一腿上，脚尖向下。

两脚的摆法：脚跟脚尖全靠或一靠一分，也可一前一后或右脚放在左脚外侧。

根据以上手、腿和脚的摆放方法，一般常用的坐姿有男士正坐姿、男士开关式坐姿、女士正坐姿、女士侧坐姿、女士侧挂式坐姿。

无论哪一种坐姿，都要自然放松，面带微笑。切忌“二郎腿”坐姿、搁腿坐姿、分腿坐姿、“O”形腿坐姿。还要特别忌讳前俯后仰或抖动腿脚，这是缺乏教养和傲慢的表现。

相关链接

有关“二郎腿”的说法

跷“二郎腿”历来是服务行业不认同的一种坐姿。一般认为这种坐姿比较粗俗，在社交场合中不宜使用，作为饭店服务人员来说更不可以使用。在某些国家，认为将鞋底对着他人是对他人的鄙视或者诅咒，因此也不认同这一坐姿。

然而，在国际礼仪中的确有一种坐姿，与“二郎腿”十分相似，这种坐姿称为“重叠式坐姿”，男女都可以用。只是在选用该坐姿的时候，需要注意上身挺直，腿跷起及放下的幅度要十分小。

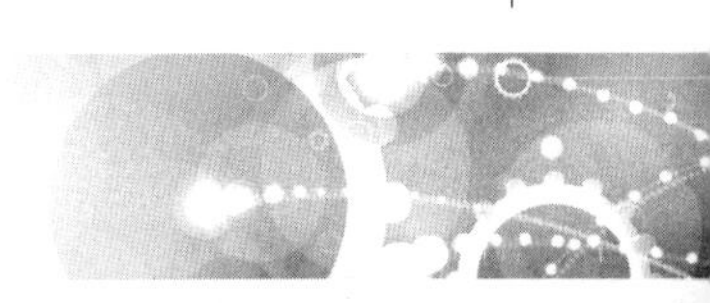

五、手势礼仪

手势是人们交往时不可缺少的动作，是富有表现力的一种“体态语言”。手势美是一种动态美。得体适度的手势，可增强感情的表达，起锦上添花的作用。饭店服务人员运用手势要给人一种含蓄、彬彬有礼、优雅自如的感觉，基本要求是自然优雅、规范适度。以最常见的单臂横摆式引导手势为例，其规范标准是：五指伸直并拢，掌心斜向上方，腕关节伸直，手与前臂形成直线，以肘关节为轴，弯曲 140°左右为宜，手掌与水平面基本形成 45°角。

手势适度是指手势不宜过多，幅度不宜过大。运用手势的具体要求如下。

1. 与宾客交谈时，手势不宜过多，动作不宜过大，更不要手舞足蹈。

2. 介绍某人或为宾客引路时，应掌心侧向上，五指并拢，以肘关节为轴，前臂自然上抬伸直。指示方向时，上体稍向前倾，面带微笑，自己的眼睛看着目标方向，并兼顾宾客是否意会到目标。切忌用手指来指点，因为这含有教训人的味道，是不礼貌的。

在实际工作中，由于地形、目标物体位置的不同，除了最常用的引导方式（单臂横摆式）外，还有一些比较常见的引导手势：

- 双臂横摆式适合在引导较多人入座时使用。
- 直臂式适合在引导宾客上楼或抬头向上看时使用。
- 曲臂式适合在较狭小的空间内使用，如转角、机舱。
- 斜摆式适合引导单独一位宾客入座时使用。

3. 鼓掌也属于手势的范围，如欢迎宾客到来、他人发言结束，以及观看体育比赛、文艺演出时，应用右手手掌拍左手掌心，但不要过分用力，时间不要过长。

4. 在谈到自己时，可用手掌轻按自己的左胸，那样会显得端庄、大方、可信。

饭店服务人员要掌握正确的手势，不能在服务过程中随意摆手、双臂环抱、摆弄手指等。

六、微笑礼仪

表情是心情的体现，也是人性的镜子。人的脸被称为“第一表情”，脸色的变化、肌肉的收展及眉、目、嘴的动作组成一种特殊的“情绪语言”，它可以和有声的语言及行动相配合，沟通人们的心灵，架起友谊的桥梁，给人以美的享受。

1. 微笑的意义

（1）微笑是礼仪的基础。微笑存在于一切活动中。饭店服务人员的微笑，是对宾客热情友好的表示、真诚欢迎的象征。微笑迎宾是饭店服务人员尽心尽职的表现，表达了服务宾客的责任感和主动性，也是实现“宾客至上，优质服务”宗旨的具体体现，是做好饭店服务的基石和重要手段。

（2）微笑是宾客感情的需要。微笑是传递友好的信号，对宾客起诱导积极情绪的作用。饭店服务人员的真诚微笑，可使宾客感到外出途中处处有“亲人”，从而消除初到异乡客地的陌生感、疲劳感和紧张感，进而产生心理上的安全感、亲切感和愉悦感。微笑是最美好的无声语言，它具有超越国界、跨越文化的传播功能，有助于广结良缘、增进了解、加深友谊。

2. 对微笑的要求

（1）微笑要合乎规范。微笑是饭店服务人员的基本功之一。这种笑不能勉强敷衍，不能机械呆板，更不能皮笑肉不笑。

（2）微笑要始终如一。笑是人的生理现象，人人都会。但是，人们不是生活在真空里，往往因情绪的波动和客观环境的变化影响微笑的效果。因此，必须强调微笑要贯穿饭店服务工作的全过程、各环节，做到“六个一样”：领导在与不在一样，男女老少一样，内宾外宾一样，本地人外地人一样，生人熟人一样，时间长短一样，以保证服务工作的良好效果。

（3）微笑要发自内心。从饭店服务工作的实际出发，甜美而真诚的微笑是值得推崇的。所谓甜美，就是笑得温柔友善、自然亲切、恰到好处，给人一种愉快、舒适、幸福、动人的好感。所谓真诚，就是发自内心喜悦的自然流露。微笑应该是不出声的略带笑容。笑得甜美，笑得真诚，也就是从心底里笑，这是微笑服务的真谛。

3. 微笑示范

有魅力的微笑要求亲切、自然、甜美、得体。从笑得美丽的技巧来说，要求面部肌肉放松，嘴角微翘，露出上边六至八颗牙齿，并要注意三个结合。

（1）口眼结合。要口到、眼到、神色到，笑眼传神，微笑才能扣人心弦。

（2）微笑需要与语言相结合。语言和微笑都是传播信息的重要符号，声情并茂，相得益彰。尤其是在服务性行业，微笑与语言的结合就更多见，也更重要。例如，迎宾人员将宾客引入酒店大堂时，不能只微笑而不说话。

（3）微笑需要与仪表、举止相结合。笑时要举止适当，不能得意忘形、放浪形骸地笑。

4. 微笑练习

（1）诱导练习法。发挥想象力，或回忆美好的过去、愉快的经历，或展望美好的未来，脸上自然会流露出笑容。

（2）对镜练习法。对着镜子，做自己最满意的表情，到离开镜子时也不要改变它。要使双颊肌肉用力向上抬，默念英文单词“Cheese”或英文字母“G”或普通话“钱”或数字“1”，都是不错的方法。

（3）口衔筷子法。日本的部分航空公司会采用口衔筷子法（目前中国有很多礼仪机构也在使用）来锻炼面部肌肉，使面部肌肉形成条件反射，一旦需要微笑，便形成固定的角度，这是这种方法的优点。但这种方法也有一个明显的缺点，那就是不容易使笑容发自内心，只是表面上的笑。

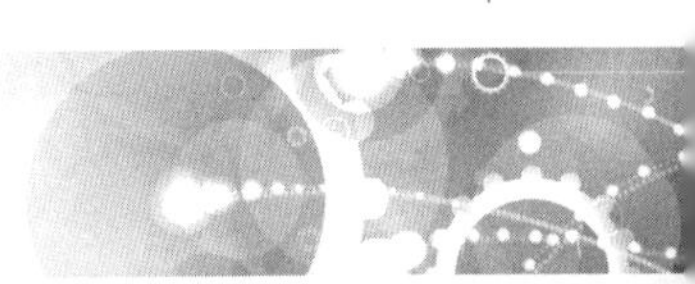

第4章

饭店服务人员人际交往礼仪

第1节 饭店服务人员对客交往礼仪

一、见面礼仪

不论是在社交场合还是在工作场合，与他人见面时应根据场合、对象的不同，选择合适的见面礼仪。

1. 介绍礼

（1）介绍的方式

1）自我介绍时，要讲清姓名、身份、国家、工作单位，也可交换名片。自我介绍一般有以下几种方式（见表4—1），可以根据具体的场合及对象选择使用。

表4—1 自我介绍的方式

方法	特点	适用场合及对象	列举
应酬式	最为简洁	公共场合或社交场合的一般交往对象	“您好，我叫张明。”
工作式	姓名、工作单位、职务缺一不可，也称公务式	适用于工作场合	“您好，我叫张明，是×××酒店的销售助理。”
交流式	包含更多的个人信息，如籍贯、学校、兴趣等，目的是想让对方了解自己	社交场合，面对自己想要结交的对象	“您好，我叫张明，是××学校09届毕业生，我们是校友，对吗？”
问答式	根据对方所提问题给出回答	面试或面对初次见面的长者	—

2）正式会见时，大多由第三者介绍，也称居中介绍。中间人要先了解双方是否有结识的愿望，做法要慎重自然，不要贸然行事。为他人做介绍时，还可以说明双方与自己的关系，便于新结识的人相互了解与信任。介绍具体人时，要有礼貌地用手示意，不可以用手指指点。常见的正式会见时的介绍方式见表4—2。

表 4—2　　正式会见时的介绍方式

方法	特点	适用场合及对象	列举
简洁式	仅介绍双方的姓名	一般社交场合，双方被介绍后可见机行事，自行决定是否继续交流	“我来给两位介绍一下吧，这位是张明，这位是李强。”
标准式	介绍双方的姓名、工作单位、职务	正式社交场合，尤其是工作场合	“我来给两位介绍一下吧，这位是 ××× 酒店的销售助理张明，这位是 ××× 大学的旅游系主任李强。”
推荐式	重点介绍其中一人的优点	被介绍双方中，一方认识另一方，而不为对方所认识时	“这位是李明珠小姐，这位是我们公司的王海总经理。李小姐精通日语、韩语、英语，是口译界的新秀，王总，我想你们一定乐于相互认识吧？”
强调式	介绍者重点强调其中一人与自己的关系，希望引起另一方的重视	被介绍双方中，有一方与介绍者有一定的特殊关系	“这位是李明珠小姐，这位是王海先生，是我的大学同学，请多多关照哦！”

（2）介绍的顺序。在介绍两人互相认识的时候，要把被介绍的人介绍给你所尊敬的人，即“尊者优先了解情况”。一般来说，在介绍时应该把男子介绍给女子，把年轻的介绍给年长的，把地位低的介绍给地位高的，把未婚女子介绍给已婚女子，把儿童介绍给成人。

按照西方习惯，短暂的相遇可不必介绍，会面时间较长则应介绍。另外，告辞中的宾客不必介绍给刚到的宾客。

介绍时，除年长者外，男子一般应起立，在宴会桌、会谈桌上则不必起立，只要微笑点头示意即可。当妇女被介绍给男子时，她可以坐着不动，只需点头或微笑示意。介绍后，通常是互相握手、微笑并致问候。在需要表示庄严、郑重和特别客气的时候，还可以在问候的同时微微欠身鞠一躬，视情况决定是否握手。

2. 握手礼

在人们日常交往中，见面时习惯以握手相互致意，分别时也可握手送别。别人帮助自己之后，以握手表示感谢。别人取得成就时，以握手表示祝贺。别人参加比赛或其他重要活动时，以握手表示鼓励。可以说，握手贯穿于人们交往、应酬的各个环节。

握手的标准姿势为：伸出右手，四指并拢，拇指张开与对方虎口相对而握，男士握女士手时，应握到指根位置，上下微微晃动。在与人握手时，神态应专注、热情、友好，面带微笑，目视对方，并配合恰当的语言。

握手同样遵循尊者优先的原则，不过此处的尊者优先指的是“尊者优先伸手”。握手的先后顺序为：男女之间，男方要等女方先伸手后才能握手，如女方不伸手，无握手之意，男方就只能点头或鞠躬致意；宾主之间，主人应向宾客先伸手，以示欢迎；长幼之间，年幼的要等年长的先伸手；上下级之间，下级要等上级先伸手，以示尊重。多人同时握手切忌交叉，要等别人握完后再伸手。到朋友家中，如宾客较多，可只与主人及熟悉的人握手，

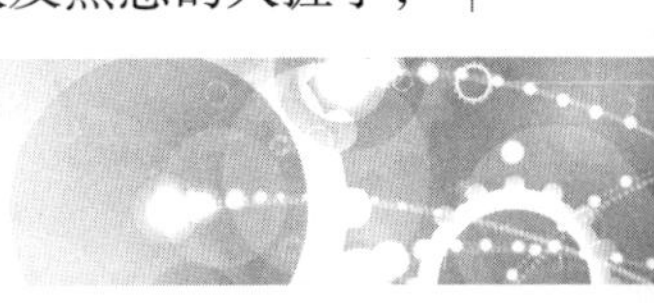

向其余的人点头示意即可。

握手虽然是一个全世界通用的礼节，但是在实际操作中，还是有一些禁忌和注意事项。例如，男子在握手前应先脱下手套、摘下帽子。握手时精神要集中，双目注视对方，微笑致意，不要看着第三者握手，更不能东张西望，这都是不尊重对方的表现。按西方传统，妇女可以戴手套握手。军人戴军帽与对方握手时，应先行举手礼，然后再握手。

3. 鞠躬礼

鞠躬又称打躬，是中国、日本、韩国等的传统礼节。《论语 · 乡党》中就说："入公门，鞠躬如也。"后引申为弯身行礼，以示恭敬。

鞠躬礼通常是晚辈对长辈、下级对上级，以及同级间的见面礼节。行鞠躬礼时，必须脱帽，呈立正姿势，脸带笑容，目视前方，并根据施礼对象和场合决定鞠躬的度数。一般标准为：迎宾 15°，送客 30°，表示感谢 60°，而 90°大鞠躬常用于悔过、谢罪等特殊情况。

4. 其他见面礼仪

（1）拥抱礼。拥抱礼是欧美各国熟人、朋友之间表示亲密感情的一种礼节，多用于官方或民间的迎送宾客、祝贺致谢等场合。行此礼时，通常是两人相对而立，右臂偏上，左臂偏下，右手环抚对方的左后肩，左手环抚对方的右后腰，彼此将胸部偏向左侧而紧紧拥抱，并头部相贴近，然后再向右侧拥抱，接着再做一次左侧拥抱而止。行拥抱礼时间不宜太长。

拥抱礼在国际交往中较流行。在欧美，拥抱是一种较常用的见面礼，在其他地区只流行于上层社会的交往，在我国则只限于亲近的人使用。

（2）亲吻礼。亲吻礼多见于西方、东欧、阿拉伯国家，是源于古代的一种常见礼节。人们常用此礼来表达爱情、友情、尊敬或爱护。

行亲吻礼时，往往与一定程度的拥抱相结合。不同身份的人，相互亲吻的部位也有所不同。在公开场合，关系亲密的女子之间可吻脸部，男女之间可贴面，晚辈对长者可吻额头，男子对尊贵的女子可吻其手指或手背。在许多国家的迎宾场合，宾主往往以握手、拥抱、左右吻面或贴面的连续性礼节表示敬意和热烈气氛。

吻手礼主要流行于欧洲国家，做法是：男士走到已婚妇女面前，首先垂首立正致意，然后以右手或双手捧起女士的右手，俯首以自己微闭的嘴唇，象征性地轻吻一下女士的手背或手指。吻手礼的受礼者只能是已婚妇女，手腕及其以上部位是行礼时的禁区。

（3）点头礼。点头礼是同级或平辈间行使的礼节。如在路上行走时相遇，可在行进中点头示意，不必停留。若在路上遇见上级或长者，应立正行鞠躬礼。上级对下级或长者对晚辈的答礼，可以在行进中进行，或伸手示意即可。

二、日常交往礼仪

1. 名片礼仪

名片的使用已成为人际交往的一种重要手段。名片是一个人身份和地位的象征，是一个人尊严和价值的一种外显方式，也是使用者要求社会认同、获得社会理解与尊重的一种方式。饭店服务人员要了解和掌握递送、接收、保管名片的礼仪。

（1）携带名片。随身携带的名片应使用较精致的名片夹盛装，着西服时，名片夹只能放在左胸内侧的口袋里。不穿西服时，名片夹可放于自己随身携带的小手提包里。将名片放置于其他口袋，甚至后侧裤袋是一种很失礼的行为。

（2）递接名片。大多数情况，递送名片和接收名片应注意以下事项。

递送名片时，应面带微笑，注视对方，将名片正对着对方，用双手的拇指和食指分别持握名片上端的两角送给对方，如果是坐着的，应当起立或欠身递送。

接收名片时，应尽快起身或欠身，面带微笑，用双手的拇指和食指接住名片的下方两角，并表示谢意。女士接收名片时可稍随意。

向对方递送名片时，可以说“我叫 ××，这是我的名片。”或“我的名片，请您收下。”之类的客气话。

接收他人递过来的名片时可视情况说“谢谢！”或“能得到您的名片，真是十分荣幸。”等。名片接到手后，应十分珍惜，切不可在手中摆弄，应认真看一下，千万不要随意放在桌上，或随便拿在手上，或者放在手中搓来揉去。如果是初次见面，最好将名片上的重要内容读出声来。读名片时，要注意语音轻重，需要重读的主要是对方的职务、头衔、职称等。如果对方的组织名气大或个人的知名度高，可只重读组织名称或对方姓名。

（3）名片递送顺序。名片的递送顺序没有太严格的礼仪讲究。但是，一般是地位低的人先向地位高的人递名片，男性先向女性递名片。当对方不止一人时，应先将名片递给职务较高或年龄较大者；如分不清对方职务高低和年龄大小时，则可先和自己对面左侧方的人交换名片。

（4）无名片时的致歉。当对方递来名片时，如果自己没有名片或没带名片，应当首先向对方表示歉意，再如实说明理由，如“很抱歉，我暂时没有名片。”或“对不起，今天我带的名片用完了，过几天我会寄一张给您。”等。

2. 电梯礼仪

饭店对于服务人员使用电梯一般都有严格的规定。原则上，服务人员在工作期间应使用员工电梯，只有在迫不得已的情况下，才可使用客用电梯。不管乘什么类型的电梯，服务人员都应该遵守电梯礼仪。电梯礼仪包括出入电梯的顺序和电梯乘坐礼仪。

与同事共乘，进入电梯时要讲究先来后到，出来时要由外及里依次而出，不能推推搡搡，匆忙出入。

与宾客共乘，当电梯有专人看管时，服务人员要礼让宾客，即服务人员后进后出，宾客先进先出。当电梯无专人看管时，服务人员要先行一步控制电梯，优先考虑宾客进出、乘坐方便，保证宾客安全，即服务人员先进后出，宾客要后进先出。无论电梯有无专人看管，服务人员在电梯内都要热情地与宾客打招呼。

三、电信相关礼仪

1. 电话礼仪

电话是现代通信工具，具有沟通简便、快速的功效。打电话不仅是一种交流手段，也成了一种交际方式。因此，无论是发话人还是受话人，都应注意现代通信礼仪。

（1）拨打电话

1）选择适当的通话时间。白天应在 8 点以后，假日最好在 9 点以后，夜间则应在晚上 21 点以前，以免干扰对方休息。与国外通话，还务必注意时差和生活习惯。电话接通后，要询问一下时间是否合适、有无妨碍。

2）查清对方的电话号码并正确拨号，如弄错了，应向接电话者表示歉意，不可将电话挂断了事。拨号以后，如只听到铃响，没有人接，应耐心等待片刻，待铃响 6 ~ 7 次后再挂断。

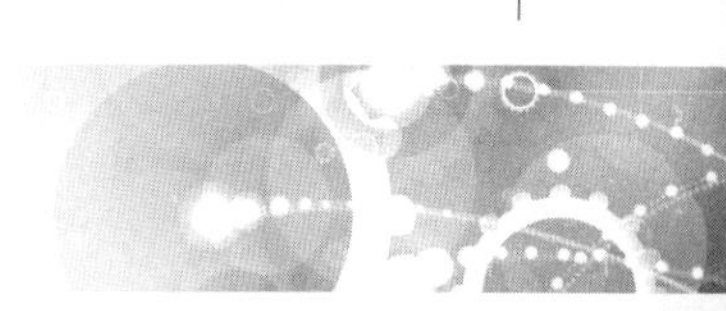

3）电话接通后，可以先询问一下对方的单位或电话号码，然后再报受话人姓名。当对方询问你的名字时，一般应礼貌告知，不可反问“你是谁”。如受话人不在，可请对方转告或过后再打电话。

（2）接听电话

1）电话铃响后，应尽快接听，不要故意延误。如铃响三遍后再接，要说声“对不起”或“让你久等了”。

2）接听电话应先做简短自我介绍，然后请问对方找谁。切忌自己什么都不说，只是一味询问对方“你叫什么名字”“你是哪个单位的”“你找他有什么事”等，这是极不礼貌的。

3）如接听电话以后，自己不是受话人，应负起代为传呼的责任。但不能在听筒尚未放下时就大声叫：“×××，你的电话！”这样做显得缺乏教养。如要找的人正忙着，不能马上接电话，应该重新拿起电话告诉对方“请你等一下”。要是找的人不在，不能把电话一挂了事，而要耐心地询问对方是否需要转告，并在征得同意后将对方姓名和电话号码详细记录下来。

4）电话通信一般由发话人先结束谈话。如对方话还未讲完，自己先挂断电话，这是失礼的行为。尤其是在工作中，饭店服务人员更应尊重来电宾客或领导，请对方先挂电话。

2. 手机礼仪

（1）不要在公共场合旁若无人地使用手机通话，如果必须使用，应该把自己的声音尽可能压低。

（2）在办公室内、会议上或与别人洽谈时，最好把手机调到振动状态。如有特别紧急的情况，可在说明情况并致歉之后到会议室外面接听电话。

（3）在飞机上或加油站，为了自己和其他人的安全，无论多忙、多紧急，都不要使用手机。

（4）在电影院或剧院，也要把手机调为振动状态。

（5）手机铃声应符合自身的职业形象，不能过于怪异或格调低下，以免影响自己和公司的形象。

3. 传真礼仪

传真是利用光电效应，通过安装在普通电话网络上的传真机，对外发送或接收外来的文件、书信、资料、图表、照片真迹的一种现代化通信联络方式。使用传真的礼仪包括发送传真和接收传真两个方面。

（1）发送传真时，一般不可缺少必要的问候语与致谢语。发送文件、书信、资料时，更是要谨记这一条。

（2）接收传真后，应当在第一时间内采用适当的方式告知对方。需要办理或转交、转送他人发来的传真时，千万不可拖延时间，耽误对方的事情。

4. 电子邮件礼仪

电子邮件是利用计算机组成的互联网络向交往对象发出的一种电子信件。使用电子邮件应当遵守的礼仪规范主要有以下几条。

（1）不要用空白标题，标题应尽量简短。

（2）及时回复电子邮件。

（3）邮件正文应主题明确，简明扼要地说清楚事情。

（4）不要发送或转发笑话等与工作无关的邮件。

（5）定期检查计算机系统的时间、日期等自动标示信息。

特别提示

通话礼仪面面观

随着通信技术的发展和网络的普及，越来越多的通信方式正在涌现。

在生活中，短信、QQ、微博、微信等方式正迅速取代电话。使用这些方式通话时，也要注意礼仪。除非特别亲密的朋友之间，否则尽量少使用符号、表情来代替文字，也要注意不要使用带有攻击性和侮辱性的字眼，不要引起不必要的纷争。

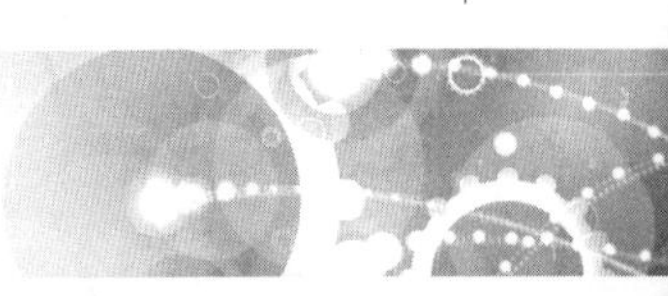

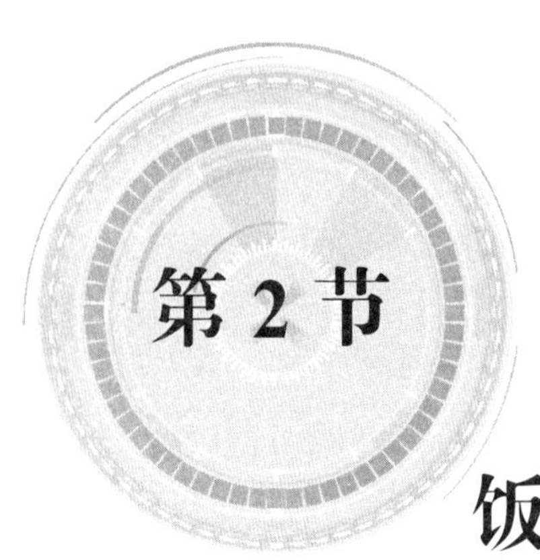

第2节 饭店服务人员对内交往礼仪

一、与上级交往的礼仪

在饭店服务工作中，服务人员恰当处理与上级的关系，能赢得上级的好感、赏识和帮助，有利于自己做好工作，取得进步。

1. 礼仪要求

（1）尊重上级。在工作中，必须树立和维护上级的权威，确保有令必行。不能因为个人恩怨而泄私愤、图报复，有意同上级唱反调，有意损害上级威信。

（2）支持上级。只要有利于饭店的发展，有利于做好服务工作，就要积极主动地支持上级，配合上级开展工作，一切行动听指挥。

（3）理解上级。饭店服务人员在工作中，应尽可能地替上级着想，为上级分忧。

（4）与上级保持应有的距离。不管自己同上级的私人关系有多好，在工作中都要公私分明。不要在工作中同上级关系过分亲密。

（5）对上级不卑不亢。不要有意跟上级"套近乎"，对上级溜须拍马，也不要走另一个极端，不把上级放在眼里。上下级关系是一种工作关系，饭店服务人员作为下级时，应当安分守己。

2. 交往禁忌

（1）绝对服从。对上级的意见不管正确与否都唯命是从，缺乏自己的判断。

（2）投其所好。对上级察言观色，仰人鼻息。

（3）遇事对抗。跟上级产生抵触情绪，采取排斥、抗拒行为，甚至经常和上级发生矛盾冲突。

（4）评头论足。对上级的指示虽然执行，但不管指示是否正确，总爱挑三拣四，评头论足。经常采取此种行为，不仅会使上级产生厌烦心理，而且会在同事中引起不良影响。

以上种种行为不管其动机如何，就其后果来看，都会影响与上级的关系。

虽然有的交往方式会让个人获取一时之利，但是从长远的角度来看，对饭店、对上级、对自己都有害而无利。

二、与下级交往的礼仪

饭店的基层服务人员要与新员工和实习生打交道，相对新员工和实习生而言，有经验的服务人员就是业务领导，从工作关系来看，服务人员有责任和义务帮助和指导下级。在与下级交往过程中，饭店服务人员也要掌握一定的技巧，注重待人礼仪。

1. 多要求自己，少埋怨他人

饭店服务人员在与下级交往过程中，沟通顺畅的关键在于自己拥有一个良好的心态，要以身作则，严于律己，做好表率，不能怨天尤人，传播负能量。

2. 多平等相待，少谋求特殊

有经验的服务人员在与新员工和实习生相处时，要同甘苦、共努力，平等对待每一位员工，一碗水端平，不要搞小帮派，不要搞特殊照顾，加强双方的沟通和信任，从而赢得尊敬与支持。

3. 多给予信任，少施加压力

信任是待人的基本前提和原则，对下级要多鼓励、多支持，要坦诚相见、以诚待人。要从人格上保护下级的自尊心，在工作上多督促、少讽刺，多体谅、少武断，多引导、少指责。在生活上要关心下级，体现人情味。

三、与同事交往的礼仪

交往礼仪中有一个重要的“三A原则”（接受“accept”、重视“attention”、赞同“agree”），就是要以自身的实际行动去接受对方，重视对方，赞同对方。为了获得更好的交往效果，饭店服务人员在与同事的交往中，要注意以下礼仪。

1. 不要言而无信

答应别人的事情就要尽力去完成，如果不能完成，要跟对方说明原因并表示歉意。许诺不是图一时的方便和嘴上的痛快，如果言而无信，将失去别人的信任，对自己的工作开展有害无益。

2. 不要恶语伤人

当对方脾气一触即发时，要临时回避，使对方逐步消火。回避并不等于“妥协”，而是给对方冷静思考的机会，同时也体现了自身的修养。

3. 及时沟通，消除矛盾

矛盾很难避免，最好是在矛盾发生之前或之后，双方坐下来进行冷静的交流，借以消除双方的误解或矛盾。不要随便发怒，发怒容易伤了彼此的和气。遇事要冷静思考，学会“换位”思考，冷静地站在对方的角度考虑问题。

4. 不要传流言蜚语

在背后传流言蜚语的做法，不仅会伤害同事间的情谊，甚至会造成反目成仇的后果，同时也反映出个人低下的品格。所以，要做到不干涉别人的隐私，不传播小道消息，不对别人的过失幸灾乐祸。

5. 不要开过分的玩笑

开玩笑是常有的事，但要适度。可以从几个方面来把握：性格开朗、大度的人，稍多一点玩笑，可以使气氛更加活跃；拘谨的人，少开甚至是不开玩笑；对异性，特别是对女性，开玩笑一定要适当；不要拿别人的姓名或体貌特征开玩笑或是乱起、乱叫绰号。

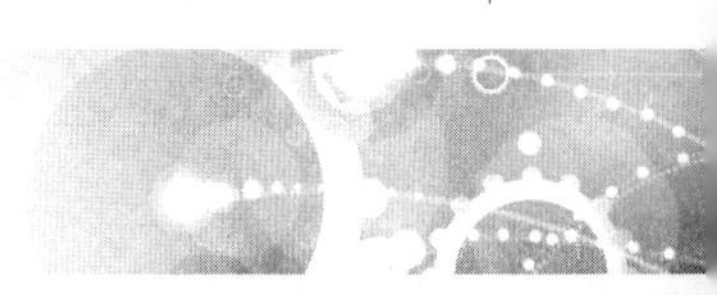

饭店服务人员沟通礼仪

一、沟通概述

沟通是指人与人之间传递、接收和反馈具有某种意义的信息的过程，它由信息发送者、信息、沟通渠道和信息接收者组成。在实际工作中，沟通是双向交流，这就不同于简单的信息传递和信息反馈，它带有感情色彩。因此，成功的沟通是接收者不仅了解信息的内容，还包括了解发送者的感情、思想、意见和态度。

1. 沟通的过程模型（见图 4—1）

（1）主体——信息的发送者。

（2）客体——信息的接收者。

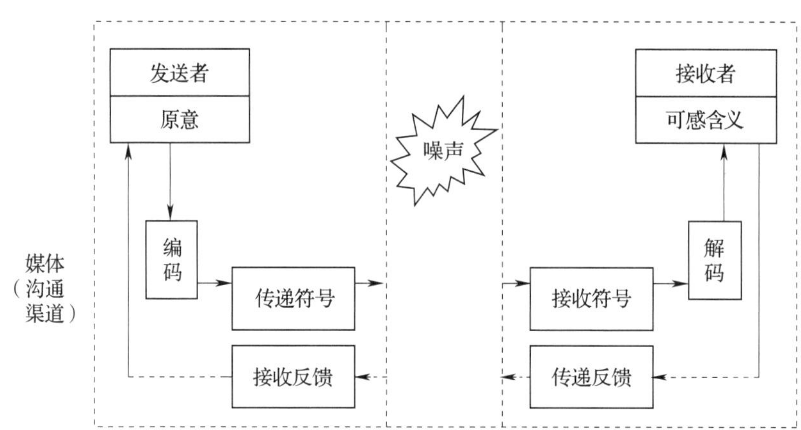

图 4—1　沟通过程模型

（3）媒体（沟通渠道）——把信息发送者和接收者连接起来的信息传递手段。

（4）编码——发送者对信息内容进行编译，使信息成为沟通渠道能够接受的语言或文字形式。

（5）解码——接收者对收到信息的内容做出解释和理解的程度。

（6）反馈——构成信息的双向沟通，使信息交流循环延续下去，并使沟通主体确定信息的内容是否被对方准确无误地接收。

（7）噪声——沟通过程中的干扰因素，妨碍信息的成功传递。

2. 有效沟通的意义

（1）有效沟通可以使接收者了解发送者的意图，避免信息偏差。

（2）有效沟通可以掌握接收者的真实意见和想法。

（3）有效沟通有助于接收者与发送者相互理解，达成共识。

（4）有效沟通有助于澄清误解、解决冲突和矛盾，提高工作效率。

3. 有效沟通的方法

沟通的方法有许多，可利用不同的媒介进行。饭店服务人员应在明确沟通目的的基础上，精心选择最佳的沟通方法。有效沟通的常见方法有以下几种。

（1）文字沟通。文字沟通是进行有效沟通常用的方法，特别是重要信息及需要接收者以此来分析的信息。这种沟通方法具有准确、全面、可保存等诸多优点，如报表、报告、备忘录、工作日志等，是饭店内部沟通中通常采用的方法，对正常营运起到了良好的效果。

（2）会议沟通。会议是一种面对面进行的语言沟通的重要形式。利用会议进行沟通，可以使信息在相应范围内及时传递，并即时得到交流和反馈。在饭店中常开的会议有各种例会、班前会、总结会、部门协调会等。为了通过会议达到有效沟通的目的，会议前应充分准备，列出会议议程，并尽可能缩短会议的时间。

在沟通时，不但要运用文字、口语，还要用好体态语。用成人之间的互相尊重与理解的语气进行沟通，而不要用家长训斥孩子那种居高临下的语气进行沟通。

（3）团体活动。多种形式的团体活动是加强沟通交流，消除误解、隔阂，增进了解的理想方式。定期或不定期地举办各种团体活动，如联欢晚会、生日会、联谊会、茶话会、比赛等，给员工营造一个良好的相互沟通交流的机会。

（4）计算机网络。随着科学技术的发展，计算机在饭店中的应用越来越广泛，对饭店的经营管理起着越来越大的作用。饭店利用计算机可以对各种数据进行收集统计、分析处理、存储传输等，使其成为饭店对内对外沟通的重要手段。

4. 影响有效沟通的因素

（1）沟通双方的素质。不要简单地认为信息被传递了，沟通就成功了。事实上，沟通所传递的信息往往只有部分被理解和接受，因理解的程度取决于信息传递者和接收者双方的心态，以及使用的语种、术语和经验感受。

（2）沟通时机。选择恰当的沟通时机，对有效沟通非常重要，如计划发出信息的时间、预计对方收到信息的时间。如果时间选择不好，会影响或削弱沟通的有效性。

（3）沟通信息。在明确沟通目标的基础上，要对沟通的内容进行准备，保证传递的信息全面、简练、准确，从而避免因内容缺少或表述不清导致沟通无效。

（4）沟通渠道。随着社会的发展和技术的进步，沟通的渠道越来越多。因此，要选择一个直接便捷的沟通渠道传递信息，确保在传递、接收、反馈的信息沟通过程中，最大限度地减少干扰因素的影响。

（5）信息评价。在信息的传递过程中，导致信息失真的因素非常多，如信息传递者对信息过早做出评价。过早地评价被传递的信息，会影响接收者对信息的原本理解，以至于可能产生对信息的错误反馈。

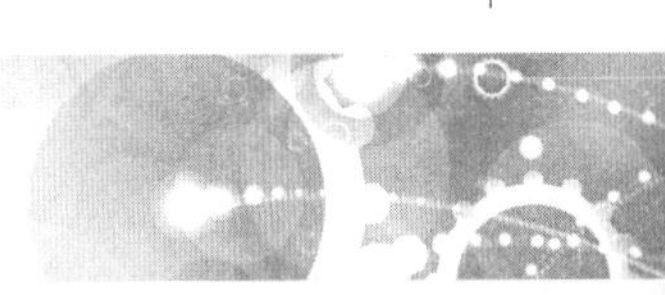

5. 有效沟通的步骤

在进行沟通之前要明确先做什么，后做什么，合理的步骤有助于达到沟通的效果。有效沟通的步骤通常包括以下几个方面。

（1）明确沟通的目的。明确沟通的目的是进行有效沟通的前提。在沟通之前必须明确为什么要沟通？沟通的内容是什么？并对沟通的目的和内容进行计划和准备，使信息简洁明了、通俗易懂，最大限度地被接收者理解和接受。

（2）确定沟通的对象和时机。沟通是双向的，沟通就是要使双方达成共识，从而产生一致的行动。但这和沟通对象的权限、能力、素质、经历等有着直接的关系。同时，沟通的效果也和沟通时间的选择有着很大的关系。因此，沟通前要选择合适的对象和时机。

（3）选择正确的沟通渠道。第三步要考虑的是利用何种渠道沟通。沟通渠道包括传递信息的正式沟通渠道和非正式沟通渠道，以及反馈渠道。要根据沟通的目的、内容、对象和时间来确定沟通渠道。

（4）后期调查。当信息传递以后，要进一步核查沟通后的情况，确保信息被对方所接受，正确评估反馈结果，并以此完善沟通过程，保证沟通的有效性。

二、沟通的原则

1. 全局观念

全局观念是指决策、指挥以及处理问题要从整体利益出发，从大局出发，而不能只顾部门利益和局部利益。在日常营运中，部门之间的矛盾、部门与饭店之间的矛盾总是难免的。有些问题站在本部门利益的角度去考虑或许是正确的，但从全局角度去看就未必正确、合理了。从全局出发不是完全牺牲部门利益，而是在确保全局利益的前提下兼顾局部利益。在大多数情况下，全局利益和局部利益是一致的。

2. 分工协作

分工协作就是要求部门与部门之间横向联系，以及部门与部门之间的互助互补。分工是社会化大生产的产物，分工能带来生产的有序性和高速度，但也容易造成各自为政和相互摩擦，从而影响整个饭店的正常运行。因此，在强调分工的同时必须强调协作。没有协作的分工容易导致各自为政，没有分工的协作又容易出现职责不分。所以必须认识分工与协作的关系，强调分工基础上的协作和协作前提下的分工。

3. 互不推诿

互不推诿包括实事求是的精神和正确处理矛盾、勇于承担责任、积极认真负责的态度。日常工作中，部门与部门之间的矛盾总是难以避免的，从哲学上讲这是矛盾的普遍性原理。矛盾虽不能完全避免，但是可以减少，而减少矛盾的方法就是正确认识矛盾和正确解决矛盾，而不是将矛盾和责任推给对方，否则矛盾不但难以解决，而且会越来越多、越来越大。

4. 共同协商

协商就是平等对话和平等商议，是认可和尊重对方。尊重对方并与之积极协商，是解决矛盾有效的方法。

三、对客关系的沟通协调

因饭店服务人员引起宾客不满意，常常源于沟通方面的问题。有时，甚至最微小、最无意的语言或行为，在未察觉的情况下传递错误信息，也会导致宾客误解。因此，建立良好、持续发展的对客关系，依赖于有效沟通。

1. 重视对宾客的“双重服务”

饭店为宾客提供“双重服务”，即“功能服务”和“心理服务”。“功能服务”是满足宾客的实际需要，而“心理服务”就是在满足宾客实际需要的基础上，使宾客得到一种“经历”。从某种意义上讲，宾客是在花钱买“经历”。

2. 运用语言艺术

（1）以受话者为中心。以自我为中心的发话者首先想到的是自己；而以受话者为中心的发话者则会从他人的需求出发来表达自己的思想，这是对他人表示关注的一种重要方法。例如，将以自我为中心的一句话“我们要求您在购物清单上签名，然后我们再记入您的账户”，用以受话者为中心的语言表达则是“为了保护您的利益，只有在您签名以后，我们才会把购物清单算入您的账户”。

（2）“反”话“正”说。将反话正说，特别是掌握说“不”的艺术，要尽可能用“肯定”的语气，去表示“否定”的意思。例如，可以用“您可以到那边去吸烟”代替“您不能在这里吸烟”；“请稍等，您的房间马上就收拾好”代替“对不起，您的房间还没有收拾好”。在必须说“不”时，也要用“但是”转折，向宾客提建议或适当解释，避免用生硬冰冷的“不”字一口回绝宾客。

（3）宁愿否定自己，不要否定宾客。在与宾客的沟通过程中出现障碍时，要善于首先否定自己，而不要去否定宾客。例如，应该说“如果我有什么地方没有说清楚，我可以再说一遍”，而不要说“如果您有什么地方没有听清楚，我可以再说一遍”。

（4）投其所好，避其所忌。宾客有什么愿意表现出来的长处，要帮其表现出来；反之，如果宾客有什么不愿意让别人知道的短处，则要帮其遮盖或隐藏起来。例如，当宾客在饭店“出洋相”时，要尽量帮宾客遮盖或淡化，不能嘲笑宾客。

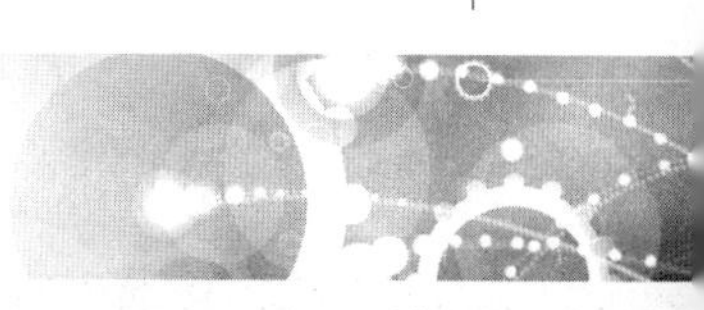

第5章

饭店接待服务礼仪

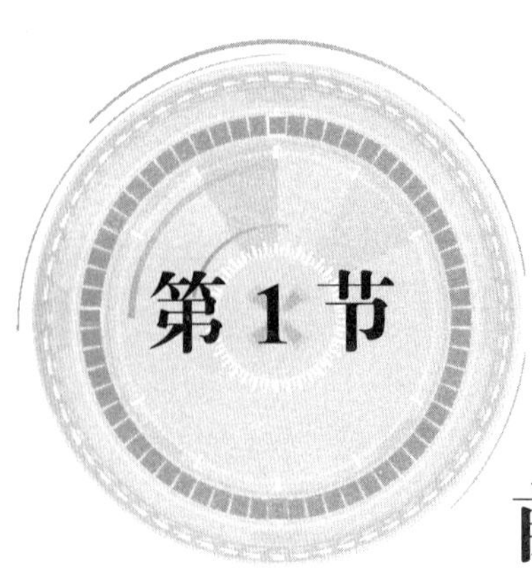

第1节 前厅服务礼仪

前厅是宾客进出饭店的汇集场所，被称为饭店的“门面”和“窗口”。前厅服务人员的服务礼仪直接影响宾客对饭店的印象。前厅服务礼仪主要包括门厅迎送服务礼仪、总台接待服务礼仪、商务中心服务礼仪和电话总机服务礼仪。

一、门厅迎送服务礼仪

1. 恭候迎宾礼仪

门厅服务人员代表饭店在大门口和门厅接待宾客，上岗前做好仪表仪容的自我检查，做到服饰挺括、整洁，仪容端庄大方；上岗后面带微笑，站姿端正，精神饱满。恭候迎宾礼仪见表5—1。

表5—1 恭候迎宾礼仪

服务项目	服务礼仪
开车门	当来饭店的车辆停在正门时，服务人员要迅速走向车辆，面带微笑为宾客打开车门，向宾客表示欢迎。一般应先开启右侧车门，用左手拉开车门，用右手挡住车门的上方，提醒宾客不要碰头
搬运行李	遇到宾客带有行李时，服务人员应立即招呼行李员，并协助其为宾客搬运行李，同时注意有无遗漏的行李，然后携行李引导宾客至前台办理登记手续

特别提示

逢雨天，宾客到店时，服务人员要为宾客打伞；应提醒宾客注意门口台阶，并对老弱病残宾客予以关注和帮助。

2. 宾客进店服务礼仪

宾客进入饭店，服务人员可参考表5—2中的服务礼仪。

3. 宾客离店服务礼仪

宾客离开饭店，服务人员可参考表5—3中的服务礼仪。

表 5—2　　宾客进店服务礼仪

服务项目	服务礼仪
办理入住	服务人员陪同宾客到前台办理手续时，应侍立在宾客身后两三步处等候，以便随时为宾客提供服务
引领宾客	服务人员应走在宾客的左前方一二步处，随着宾客的步速往前走，遇转弯处，要面带微笑向宾客示意。引领过程中，服务人员可向宾客简要介绍饭店概况
同乘电梯	宾客来到电梯厅，楼层服务人员在电梯口迎接，主动向宾客问好。打招呼后要引导宾客进入电梯，主动接下宾客的行李。对宾客随身携带的手提包或小件物品，在征得宾客同意后再帮助宾客提取 服务人员与宾客乘电梯时，应礼让宾客先走入梯；到达时，示意宾客先走出电梯
引领入房	引导宾客进入客房，到达房间门口时先开门，礼让宾客先进房。服务人员进入房间后，应放好宾客的行李物品
介绍设施	简单介绍客房的主要设备，饭店服务项目、服务时间，各餐厅主要经营风味、楼层和开餐时间等；介绍客房内的应急设备、酒店安全通道等
退出客房	介绍完毕后，服务人员还应询问宾客有无其他吩咐，如无则礼貌道别，面向宾客后退两步，再转身退出房间，轻轻把门关上

表 5—3　　宾客离店服务礼仪

服务项目	服务礼仪
搬运行李	行李员到宾客的房间去搬运行李时，进房前无论房门是关着还是开着，均要按门铃或轻轻敲门，获得宾客的许可后方可进入客房。在问清宾客的行李件数后，应小心搬运并安全运送到指定地点
送宾客上车	宾客离店时，负责离店的服务人员应主动上前向宾客打招呼。待车停稳后，替宾客打开车门，请宾客上车；如宾客有行李，应主动帮宾客将行李放上车并与宾客核实行李件数。待宾客坐好后，为宾客关上车门，关门时不可用力过猛
道别	车辆即将开动时，服务人员应躬身立正，站在车的斜前方 1 米远的位置，上身前倾 15°，目视宾客，举手致意，微笑道别，说“再见”“一路平安”“谢谢您的光临”“欢迎您再来”“祝您旅途愉快”等道别语

特别提示

当候车人多而无车时，应有礼貌地请宾客按先后次序排队乘车。载客的车多而候车人少时，应按汽车到达的先后顺序安排宾客乘车。

当团队宾客、大型会议或宴会的与会者集中抵达或离开时，服务人员要提高工作效率，尽量减少宾客的等候时间。

二、总台接待服务礼仪

1. 接待问询服务礼仪

（1）应站立服务，姿态端庄大方，着装整洁，精神饱满，面带微笑，随时恭候宾客光临（也有部分高星级饭店采取总台坐式服务，其仪表和着装要求与站立服务相同）。

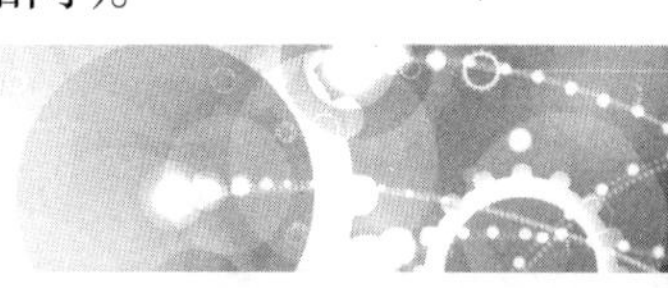

（2）要以耐心热情的态度解答宾客疑问，有问必答，用词得当。对饭店设施、各部门服务时间、具体位置等情况应回答清楚，不能说“也许”“大概”之类没有把握或含糊不清的话。对不清楚的事，不要不懂装懂，也不能简单地说“我不知道”，而应主动帮助宾客解决问题。宾客提出的要求无法满足时，应向宾客表达歉意，请求其谅解与合作。

2. 接待住宿服务礼仪

（1）热情问候每一位宾客，点头致意，面带微笑地说：“您好，请问有预订吗？”或者“您好！需要住宿吗？”

（2）有较多宾客抵达时，要按先后顺序依次办理住宿手续，做到“接一答二照顾三”。

（3）当宾客询问房间或房价的详细信息时，应向宾客详细介绍饭店房间的种类及设置档次，然后推销房间。推销房间时，先推销标准间或中等价格的房间，然后再根据宾客的反应或要求推销高档或低档房间。

（4）听清宾客的要求后，尽量按宾客的需要为其安排房间。同时，当知道宾客姓氏后，要尽早称呼，以示对宾客的尊重与重视。

（5）如客房已满，应耐心向未能入住的宾客致歉，同时热情地向其推荐其他饭店，并感谢宾客的光临，可告知其预订的方法，希望下次能为其提供服务。

（6）填好住房通知单和迎宾卡后，连同房卡双手递送给宾客，轻声告诉宾客房间号，并祝宾客在饭店过得愉快。

3. 离店结账服务礼仪

（1）宾客结账时，服务人员应双手收回房卡，并迅速通知楼层服务人员查房，要热情、周到、准确地处理宾客退房事宜，收款数目要当面结清。

（2）结账完毕，应向宾客道谢告别，给宾客留下彬彬有礼的印象，使宾客产生亲切感，吸引宾客再次光临。

特别提示

在任何情况下都不得讥笑、讽刺宾客，不得与宾客争辩，不允许言语粗俗、举止鲁莽。在宾客因误解、不满而投诉时，要以诚恳的态度耐心听取宾客的意见，不要中途打断，更不能回避或置之不理。

三、商务中心服务礼仪

商务中心的作用是为宾客特别是商务宾客提供信息传递服务，其服务礼仪主要有以下几点。

1. 注意个人仪表

在工作岗位上，仪表整洁，仪容端庄，仪态大方，时刻注意自己的坐姿、走姿、站姿。

2. 工作热情主动

要热情接待每一位宾客，微笑问候，敬语当先，尊重宾客意愿。在同时接待数位宾客时，应按先后顺序一一受理，忙而不乱，热情友好地向各位宾客打招呼或致歉，使宾客感受到亲切、方便、信赖。

3. 办事认真，恪守职业道德

按照宾客要求，认真负责地提供传真、打字、复印、翻译、快递等服务。服务要高效、准确，做到急件快速，立等可取。同时，要恪守职业道德，对宾客高度负责，代客保密，不外泄文本内容。

四、电话总机服务礼仪

电话总机是饭店内外信息沟通联络的枢纽和形象窗口。电话接待是在通话双方看不见表情、看不见手势的情况下进行的，总机话务员是饭店“看不见的服务人员”。电话总机服务礼仪见表5—4。

表5—4　　电话总机服务礼仪

服务项目	服务礼仪
接听电话	饭店总机话务员接听来电，务必在铃响三声以内接听，充分体现饭店的工作效率。话务员接到打进的电话，应先主动报出饭店全称，然后倾听来电内容，再分别处理。接听宾客来电问询时，应热情帮助解决，如不能马上回答，应对来电宾客讲明等候时间，并在约定时间给宾客回电
接转电话	话务员接转电话时，要做到精力集中、准确无误。接转中不得监听通话内容。宾客托挂的长途电话，在其通话后，应准确记录下通话的房间号、姓名和通话时间，记账留存，做到不漏不错
代客留言	如果来电找已住宿的宾客通话，而此人此时不在饭店内，无论是市话还是长途，话务员都可主动请来电一方留下姓名、地址和回电号码，以便转告；待宾客归来，话务员要及时转告，促其回电。如果来电一方要求直接留言，话务员应详细做好记录，并与对方复述核对后挂断电话，再及时转告住店宾客
叫醒服务	在接受宾客的叫醒服务请求后，话务员要立即做好记录，准确核对房间号码和叫醒的确切时间，便于交接班时让接班同事了解详细情况

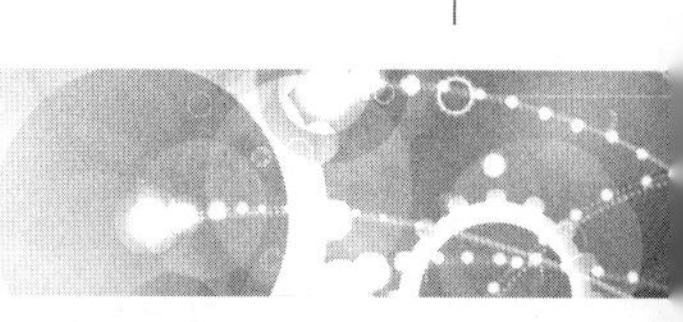

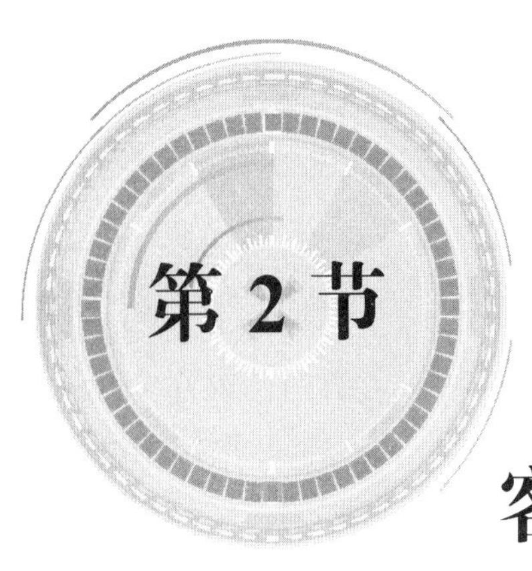

第2节 客房服务礼仪

客房是饭店的重要组成部分，客房服务主要是围绕宾客住宿活动展开的，以宾客来店、住店、离店等活动规律为主线，以满足宾客要求、提高服务质量、使宾客满意而归为目的。来店、住店、离店的服务礼仪贯串客房服务的始终，为宾客提供礼貌服务的过程也是实现优质客房服务的过程。

一、宾客抵店前准备服务礼仪

准备工作是客房服务程序中的第一个环节，这个环节要为其他环节的顺利进行打好基础。宾客抵店前准备服务礼仪见表5—5。

表5—5　宾客抵店前准备服务礼仪

服务项目	服务礼仪	
了解情况	“八知”	知道宾客到店的时间、宾客国籍、身份、人数、团名、宾客生活标准、收费方法、接待单位
	“三了解”	了解宾客的意见和要求，了解宾客的风俗习惯、生活特点及宗教信仰，了解宾客的日程安排及退房、离店时间
布置房间	根据宾客的要求、风俗习惯及接待规格，对房间进行整理、布置，备齐各种用品，并按规格标准摆放。宾客到达前，要根据气候调节室内温度。如果是晚上到达，可提前开夜床	
检查设备	对布置好的房间做一次细致的检查，发现问题及时报告维修或调换房间	

二、宾客抵店时服务礼仪

宾客抵店时服务礼仪可参考表5—2。

三、宾客住宿服务礼仪

1. 宾客入住后的针对性服务礼仪（见表5—6）

表5—6　　宾客入住后的针对性服务礼仪

服务项目	服务礼仪
熟悉宾客身份	一位优秀的服务人员必须熟悉自己的服务对象。熟悉的内容包括宾客的国籍与职业、宾客的外貌特点、与众不同的习惯或动作等。服务人员应尽可能在第二次见到自己的服务对象时，正确地说出宾客的姓氏
观察宾客嗜好忌讳	服务人员通过观察宾客的嗜好忌讳，可以更好地掌握宾客的需求，做到主动热情、服务周到。在服务的过程中通过观察，才能提前做好准备，有针对性地提供服务
注意宾客身体变化	宾客住店期间，人地生疏，加上每天外出游览参观或商务活动等，可能会水土不服。因此，服务人员要注意宾客的身体变化，对年老体弱的宾客尤其要加倍关心，对身体有恙的宾客要重点照顾
掌握宾客特殊要求	服务人员要了解宾客特殊需求，如宾客生日、朋友聚会、结婚纪念日、节假日聚会等。同时，应注意适时、恰当地推销饭店的其他设施。例如，宾客利用客房举行小型洽谈会，服务人员可以向宾客推荐饭店的会议室；宾客的生日聚会可以到大堂吧进行

2. 宾客入住后的循环性服务礼仪

宾客住店期间的服务工作是琐碎的，具有涉及面广、持续时间长的特点，大量工作是循环往复进行的，客房服务人员每天都要坚持重复且细致地做好下列工作。

（1）循环打扫房间，撤换棉织品，补充宾客生活用品。打扫卫生间，撤换浴巾、面巾、垫脚巾，补充香皂、卫生纸、洗漱用品等。

（2）到客房收集宾客要洗的衣服，检查收集洗衣袋、点清数目、填好账单，并将洗好的衣服送回客房，请宾客查收。

（3）晚间整理房间，按照我国大部分地区的情况，冬季晚上6点后、夏季晚上7点后到客房整理，更换冷热水，撤换茶具、补充茶叶、倒掉烟灰、清洁纸篓、拉好窗帘、调节好温度和空气、打开床头灯、摆放拖鞋、掀开被角，为宾客休息提供方便。

（4）楼层服务人员要注意客房动态，根据宾客需求或特殊需要，提供随机服务。

3. 宾客入住后的日常性服务礼仪

宾客入住以后，服务人员除了要为宾客提供循环性服务外，还要为宾客提供日常性服务，主要包括如下内容。

（1）服务人员进房服务前，要做好各项准备工作，包括客房当天撤换的棉织品、各种生活用品、清扫工具等。

（2）日常服务过程中要坚持“不叫不扰，随叫随到，仔细稳妥，热情周到”的原则，清扫房间尽可能在宾客外出时进行，对久留在客房或不外出的宾客，应在征得其同意后清扫。

（3）每次进房前应先敲门，征得宾客同意后再进入，在客房内不许打私人电话，不得动用、翻阅宾客的物品，更不能随意扔掉宾客的物品。

（4）宾客需发传真或邮寄物品时，服务人员应主动告诉宾客办理地点和服务时间。如果有宾客的信件、邮件、传真等，应及时当面交给宾客，并让其签收。宾客委托代订、代购和代修事项要详细登记，重复并确认，然后及时安排。

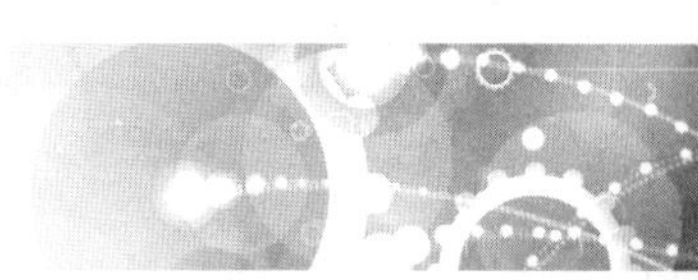

（5）日常服务过程中，服务人员要避免与宾客发生争吵。如果遇到个别宾客言行失礼，服务人员应保持冷静，有礼有节，不卑不亢，不可采用简单粗暴的方式，必要时请有关部门处理。

四、宾客离店服务礼仪

送客服务是客房接待服务工作的最后环节。如果这个环节做得好，会加深宾客的好印象；如果做不好，会破坏之前建立的良好印象。只有用热情态度做好送客服务工作，才能争取更多的“回头客”。

1. 宾客离店前的准备服务礼仪

（1）接到宾客退房通知后，应掌握宾客离店的准确时间，要记住宾客的房间号码，了解所乘交通工具的班次。

（2）检查宾客委托代办项目（如洗衣、饮料等）是否办妥。

（3）检查宾客的所有费用是否已报账、结账。服务中心要与前台收银处核清账目。

（4）询问宾客离店前还需要办理哪些事情，如是否要用餐、是否需要叫醒服务、是否需要租车等。

（5）记住提醒宾客收拾行李，并征求宾客的意见。如果有些事情涉及其他部门，还应与其他部门联系，共同做好宾客离店前的准备工作。

2. 宾客离店的送别服务礼仪

宾客离店的送别服务礼仪可参考表5—3。

相关链接

宾客离店的查房

1. 检查宾客有无遗留物品。如有，应立即通知前台，及时送还给宾客。来不及送还的，应做好登记，交客房服务中心。

2. 检查房间设备是否完好，各种物品是否齐全。若发现客房设备有严重损坏或物品丢失的，应立即告知前台。

3. 检查客房酒水的消费情况。如有消费，应立即告知前台。

4. 发现异常情况，要保护现场，并立即报告主管。

5. 检查完毕，一切正常，由客房卫生班服务人员进行清扫。

第 3 节 餐厅服务礼仪

餐厅不仅是宾客就餐的固定场所，也是宾客人际交往的重要场所之一。餐厅服务人员必须全面掌握和遵守餐饮服务中的各种礼仪。

一、迎宾服务礼仪

1. 一般用餐，在宾客到来之前，要有 1 ~ 2 名服务人员在门口迎接；较高级的宴会，餐厅负责人应带领一定数量的服务人员在宾客到来之前站在餐厅门口迎接。站立时站姿应优美、规范，精神饱满。

2. 当宾客到达餐厅时，服务人员应面带笑容开门迎宾，并热情问候“您好，欢迎光临！”或“您好，请问您预订过吗？”同时用靠门一边的手平伸出厅门，请宾客进入餐厅。

3. 如果是男女宾客一起进来，要先问候女宾，然后再问候男宾。见到年老体弱的宾客，要主动上前搀扶，悉心照料。

4. 如遇雨天，要主动收放宾客的雨具。

5. 对已预订的宾客，要迅速查阅预订记录，将宾客带到其所订的餐桌。如果宾客没有预订，应根据宾客的人数、喜好、年龄、身份等安排座位。如果宾客要求坐到指定的位置，应尽量满足其要求，如该位置已被占用或预订，服务人员应解释、致歉，然后再带他们到其他位置。

6. 对已预订的餐位，如果需要另加餐具、椅子时，应尽可能在宾客入席之前布置妥当，不必要的餐具及多余的椅子应及时撤走。为儿童准备的椅子、餐巾、餐具等也应在宾客入席之前布置完成。

7. 宾客走近餐桌时，服务人员应以轻捷的动作，用双手拉开座椅，招呼宾客就座。顺序上应先主宾后主人，先女宾后男宾。对人数较多的团体，则应先为年长的女士服务，然后再为其他女士服务。招呼宾客就座时，动作要和宾客配合默契，待宾客入座的同时，轻轻推上座椅，推椅动作要适度，使宾客坐好、坐稳。

二、餐前服务礼仪

1. 宾客入座后，服务人员把菜单递给宾客，菜单要从宾客的左边递上。对于夫妇，应先递给女士；如果是团体，应先递给主宾。递送的菜单要干净、无污迹，递送时态度要谦恭。

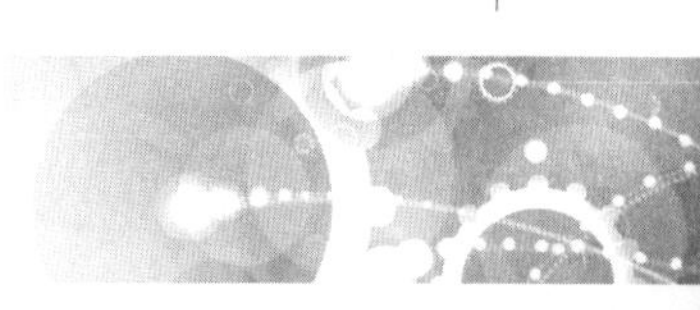

2. 要及时为宾客送上毛巾和茶水。毛巾和茶水都要用托盘端送，从主宾开始，从右向左依次进行。

3. 不要催促宾客点菜，要耐心等候，让宾客有充分的时间考虑和做决定。服务人员应对宾客有可能问及的问题有所准备，对每一道菜的特点能给予准确的答复和描述。服务人员推荐本餐厅的特色菜、时令菜、创新菜时要讲究说话的方式和语气，察言观色，不要勉强或硬性推荐，以免引起宾客反感。

4. 记录宾客点菜时，服务人员应站在宾客的左侧，身体不能紧靠餐桌，手不能按在餐桌上，应上身略微前倾，集中精神聆听。当主人表示宾客各自点菜时，服务人员应先从坐在主人右侧的主宾开始记录，并站在宾客的左侧按逆时针方向依次接受宾客点菜。

5. 如宾客点的菜在菜单上没有列出，服务人员不可一口回绝，而应尽量满足其要求。可以礼貌地说："请允许我马上和厨师长商量一下，尽量满足您的要求。"如宾客点的菜已无货供应，服务人员应致歉，取得宾客的谅解，并委婉地建议宾客点其他菜。

三、餐间服务礼仪

1. 取出餐布放在宾客的腿部或压放在骨碟下。如是中餐，对不习惯用筷子的外宾，应及时换上刀、叉等餐具。

2. 斟酒要严格按照规格和操作程序。应当着宾客的面打开酒瓶盖或饮料瓶盖。斟酒时从宾客右侧进行，注意不可站在同一位置为左右两位宾客斟酒。斟酒时先斟烈性酒，然后斟果酒、啤酒、汽水、矿泉水。斟香槟酒或其他冰镇酒类时，要用餐巾包好酒瓶。

3. 斟酒的浅满程度，要根据各类酒水和宴席的要求来决定。中餐常斟满杯，以示对宾客的尊重。斟酒的顺序是先斟给主人右边的主宾，再按顺时针方向绕桌斟酒，主人的酒最后斟。斟酒时，瓶口不要碰到杯口，也不要拿得太高使酒水溅出。偶尔操作不慎将酒杯碰倒时，应向宾客致歉，立即调换，并迅速铺上干净餐巾，将溢出的酒水吸干。宴会中斟酒时，应由宾客选择用哪一种酒，服务人员不可自作主张。

4. 掌握好上菜时机和程序，并根据宾客的要求灵活掌握。上菜要从宾客的左边上，但不要在主人和主宾之间上菜。摆菜要讲究造型艺术，酒席中的头菜，其看面要对正主位，其他菜的看面要朝向四周。比较高档的菜或有特殊风味的菜，要先摆在主宾位置上，在上下一道菜后顺势撤摆在其他地方。每上一道菜都要报菜名，并简明扼要地介绍其特色。注意说话时切不可唾沫四溅。

5. 分菜时，高级宴会按照先男主宾，后女主宾，再主人和一般来宾的顺序逐次分派；一般酒席宴会按照先女主宾，后男主宾的顺序进行。分菜要注意将菜肴的优质部分分给主宾或其他宾客，同时，分配应尽量均匀。添菜时应征求宾客的意见，如宾客谢绝，则不必勉强。主人或宾客祝酒或发表讲话时，应停止上菜，但要及时斟酒，以便干杯。

6. 撤换餐具时，要注意宾客是否吃完，切不可在宾客正在吃时撤餐具。撤换餐具要轻拿轻放，动作要优雅利索。

7. 如有酒水溅洒在宾客身上，要及时递送毛巾或餐巾协助擦拭，但如果对方是女宾，男性服务人员不要直接动手帮助。如果宾客的物品不慎掉在地上，服务人员应立即帮忙拾起，双手奉上，不可视而不见。

8. 服务人员的眼睛应始终注意餐厅的每一位宾客，应根据宾客在需要帮助时表现出来的种种迹象（手势、表情、姿势等），上前询问宾客是否需要帮忙。例如，宾客在进餐时起身或张望，表明宾客有事求助或询问，服务人员应主动迎上去给予帮助；宾客将茶壶盖抬离壶口或将茶壶拿起时，服务人员应主动加茶水；发现宾客的筷子掉在地上，应及时上前为其换上干净的筷子。当宾客要求帮助而服务人员正在给其他桌上的宾客服务时，应对宾客打手势或点头微笑，表示自己已经知道，马上就能过去服务，使宾客放心。

9. 工作过程中，服务人员应坚守岗位，站姿规范，不倚墙靠台，不搔头摸耳，不串岗闲聊。整个餐厅的清扫工作，应在所有宾客离去后进行。

四、结账送客服务礼仪

1. 宾客要求结账时，服务人员应把账单正面朝下放在小托盘上，从左边递给宾客。不可在进餐中把账单递给宾客。

2. 宾客买单时，服务人员可借此机会了解宾客对饭菜是否满意、服务是否周到等，及时听取宾客建议，以提供更优质的服务。

3. 宾客起身离座时，应主动上前拉椅，方便宾客离开。宾客出餐厅时，提醒其不要遗忘随身物品。

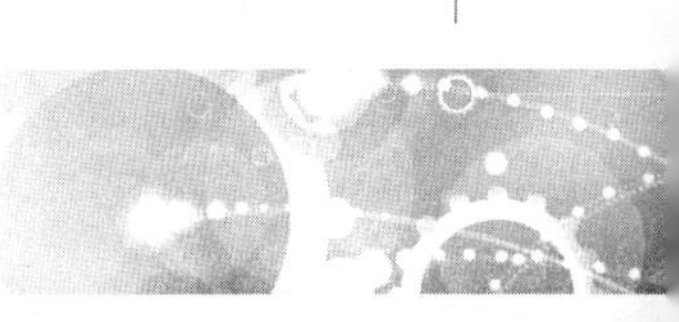

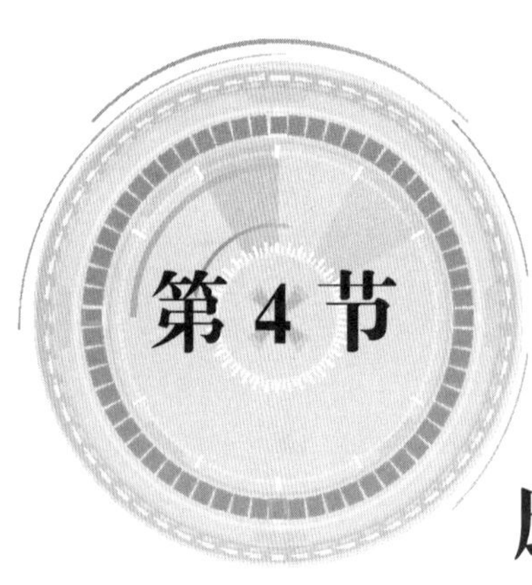

第4节 康乐服务礼仪

为了使宾客的住店生活更加丰富，很多饭店都建造了康乐中心，设有游泳池、保龄球馆、健身房、桑拿浴室、歌舞厅、美容美发室等，这些为宾客直接服务的部门，均要求提供高标准的礼仪服务。

一、游泳服务礼仪

游泳池服务人员主要负责游泳宾客的接待工作，在服务中应注重以下礼仪。

1. 端庄地站立在服务台旁，恭候宾客的到来。

2. 宾客到来时，应请其登记姓名和房间号，随后礼貌地递送衣柜钥匙和毛巾，引领宾客到更衣室，并提醒宾客妥善保管好自己的物品。

3. 宾客离开时，主动收回衣柜钥匙，并礼貌地提醒宾客不要遗忘物品。

4. 送宾客到门口，向宾客表示谢意，欢迎宾客再次光临。

特别提示

游泳池安全员加强巡视，时刻注意游泳者的动态，特别是老人和小孩，以免发生事故，这是对宾客最大、最重要的尊重。

二、保龄球服务礼仪

保龄球馆服务人员主要负责保龄球活动的服务工作，在服务中应注重以下礼仪。

1. 宾客到来时，要表示欢迎，并把干净完好的保龄球鞋礼貌地递给宾客。

2. 请宾客选择适当重量的保龄球，为宾客分配好球道，并送上记分单，主动征询是否需要协助记分。对初次来玩保龄球的宾客，要根据他们的性别、年龄、体重等，帮助其选择合适的保龄球，并详细介绍规则和方法，提醒宾客注意避免发生扭伤等意外事故。

3. 适时有礼貌地询问宾客的需要，提供热情周到的服务。

4. 活动结束时，要礼貌地收回保龄球鞋，请宾客结账，向宾客道谢并礼貌告别。

三、健身服务礼仪

健身房服务人员主要负责宾客健身锻炼的各项服务工作，在服务中应注重以下礼仪。

1. 笑脸迎客，礼貌问候。

2. 主动热情介绍跑步机、单车、举重器等设备的性能和操作方法，以及壁球的打法。

3. 当宾客要求指导时，应立即示范，热情讲解。

4. 当宾客在进行健身活动时，应思想集中地注意宾客的安全，随时准备保护，以防意外。

5. 宾客健身完毕，应礼貌送客，热情告别。

四、桑拿服务礼仪

桑拿浴室服务人员主要负责桑拿浴各项服务工作，在服务中应注重以下礼仪。

1. 宾客来到桑拿浴室服务台，要热情问候欢迎。

2. 对初次前来的宾客，要主动介绍桑拿浴的要领与注意事项。

3. 主动征询宾客要求，把温度控制在宾客所需的温度范围内。

4. 密切注意宾客动态，每隔几分钟从玻璃窗口望一望，防止发生意外。

5. 做好清洁卫生工作，为宾客提供干净浴具。

6. 宾客离开时，提醒宾客不要遗忘物品，向宾客热情道别，并欢迎宾客下次再来。

五、歌舞厅服务礼仪

歌舞厅服务人员主要负责歌舞厅各项服务工作，在服务中应注重以下礼仪。

1. 热情接待，礼貌问候，躬身致意，并引领宾客到歌舞厅内适当的位置。

2. 迅速将酒水、食品从右侧送到宾客的桌上，以示礼貌。

3. 细心观察宾客动态，以便提供所需服务。

4. 宾客活动结束后，应向宾客礼貌道别。

六、美容美发服务礼仪

美容美发室主要负责为宾客提供美容美发服务，在服务中应注重以下礼仪。

1. 礼貌迎宾，热情问候，将宾客引领到座位上。如已客满，应将宾客引领到休息室，并向宾客致歉，请宾客稍候。

2. 严格按宾客要求，神情专注地进行美容美发服务。操作时要尊重宾客的意愿，以免引起宾客的不适与反感。

3. 美发美容结束后，要用镜子从后面、侧面给宾客验照发型，并礼貌地征求意见，或做必要的修饰，直至宾客满意为止。

4. 收款找零要迅速、准确，并向宾客致谢。

5. 宾客离开时应热情道谢并礼貌告别，目送宾客离去。

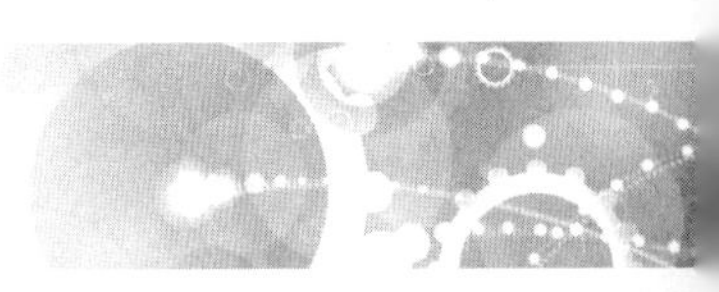

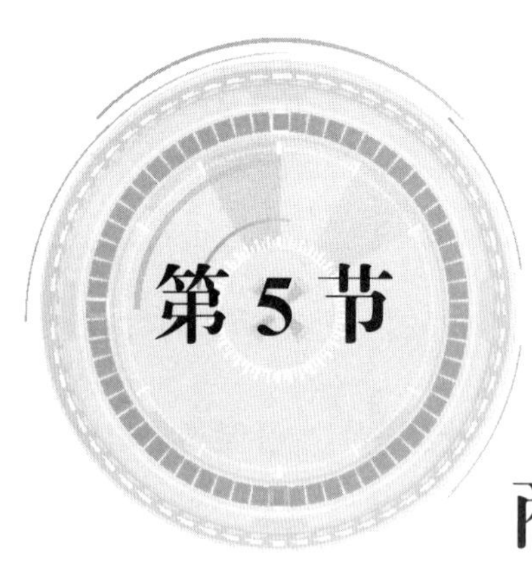

第5节 商品部服务礼仪

饭店商品部一般设于饭店的公共区域，是为下榻的宾客提供购物的场所，其商品以旅游商品和纪念品为主。饭店商品部与社会商场相比较，在运行和管理方面有着相同的基本规律，饭店商品部服务人员除要熟悉所售商品外，也应掌握相应的服务礼仪。

一、接待要热情

宾客进店时，服务人员要面向宾客，笑脸相迎，礼貌问候，做到宾客到、微笑现、敬语出。

宾客在浏览商品时，服务人员不要急于展示或推荐商品，要使宾客感到置身在一个自然、宽松的购物环境中。如果闲逛的宾客停住了脚步，似乎对某种商品产生兴趣，服务人员可适时上前搭话，但仍然不宜开口直接介绍商品的使用性能和价格，而应运用自己平时积累的知识，从审美的角度或从某个典故切入，介绍其造型、图案、色泽、鉴别方法等。

二、服务要周到

宾客在选择商品时，服务人员应悉心服务，多拿不厌，百挑不烦，要耐心解答宾客的疑问，为宾客当好参谋。宾客多、业务繁忙时，服务人员要有“接一待二照顾三”的能力，对正在接待的宾客要耐心细致，对其他等候的宾客可轻轻向其点头致意，冷落任何一位宾客都是失礼的行为。对宾客挑选好的商品，凡需要包装的，要精心包装，捆扎牢固。对于大件商品，要帮助宾客提送出商品部，或者送入客房。如果是外来宾客，则可帮助其送上车。对办理托运、邮寄的宾客，要积极协助其办妥手续。

三、推销要讲“礼”

把握宾客购物心理是旅游商品销售的重要一环。只有掌握不同国籍、不同层次宾客的购物心理、需求和商品经营规律，才有可能水到渠成。例如，日本人喜欢我国的玛瑙、翡翠、文房四宝、名人字画等；欧洲人特别是西欧人喜欢我国的丝绸、棉布制品等。服务人员在推销商品的过程中，应始终保持和悦的态度，并切记以下注意事项：有伤宾客自尊心的话不讲，有碍宾客尊严的话不讲，埋怨、责备宾客的话不讲，讽刺、挖苦宾客的话不讲，粗话、无理的话不讲，不符合文明礼仪的话不讲。

四、举止要文明

商品部服务人员在岗时，站立、走动、拿取物品等的行为动作都要文明规范，不可将手插在衣袋里，或抱着胳膊，或倒背着手。在接待宾客过程中，动作要干净利落，轻拿轻放商品，不能将商品扔给宾客或摔在柜台上让宾客去取。

服务人员在收银时要唱收唱付，避免因出现差错而导致不愉快。宾客离开柜台时，服务人员应该彬彬有礼地向宾客道别，并欢迎宾客再次光临。

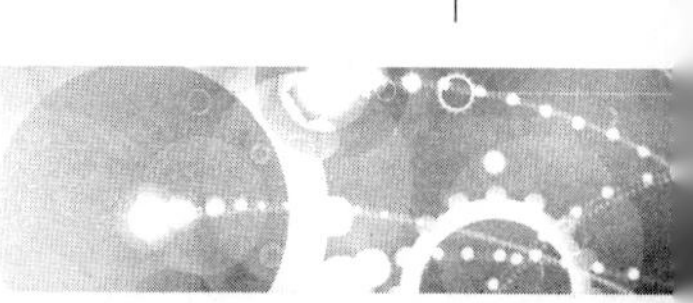

第6章

国际交往礼仪

第1节 迎送礼仪

迎来送往是常见的国际交往礼节，饭店往往会承担相应的接待任务。即使在饭店的日常接待过程中，也会经常遇到迎接宾客和送别宾客的事情。迎送工作做得如何，直接关系到饭店在宾客心中的形象和声誉。

一、饭店迎送原则

1. 确定迎送规格

迎送规格主要依据宾客的身份和访问目的来确定，可适当考虑相互间的关系，同时要注意国际惯例，综合平衡。为了避免造成厚此薄彼的印象，除非有特殊需要，一般都按常规办理，不要讲排场、显阔气。

迎送规格因宾客的身份、国籍、单位而异。

2. 主要迎送人员应与宾客身份相当

通常情况下，迎送人员要与宾客的身份相当。如果由于各种原因，迎送人员的身份不能与宾客完全对等时，可灵活变通，由职位相当的人士或由副职出面。但是，迎送人员的身份不应与宾客的身份相差太远。

二、饭店迎接礼仪

1. 接站礼仪（见表6—1）

表6—1 接站礼仪

服务项目	服务礼仪
掌握宾客抵达时间	服务人员必须准确掌握宾客乘坐的飞机、火车、船舶抵达的时间，如有变化，应及时掌握
事前准备	迎送身份高的宾客，要事先在机场、车站、码头安排贵宾休息室，准备饮料，并且要派人到场等候宾客，代替其办理相关手续和提取行李
安排车辆与房间	如有条件为宾客安排汽车、预订住房，在宾客到达之前将乘车和住房相关信息通知宾客。如果做不到，可印好住房号或乘车表，在宾客刚到达时，及时发到每一个人手中，或通过对方的秘书转达

续表

服务项目	服务礼仪
接站礼仪	对远道而来的宾客，应主动到机场、车站、码头迎接。一般要在班机、火车、轮船到达前15分钟赶到，这样不会使宾客因等待而产生不悦。如要迎接不认识的宾客，最好举个小牌子，小牌子上面写着“热烈欢迎 ×× 先生（小姐）”等字样，既便于找到宾客，又给宾客留下良好的印象
服饰要求	迎接宾客时，应该穿着正装。在接待国际友人时，还应考虑到他们所能接受的服饰颜色，接待人员应熟悉各国人员对颜色的喜好

2. 陪车礼仪

宾客抵达后，可根据宾客的重要性，安排饭店服务人员从接站地到饭店陪同乘车。有专职司机的时候，要遵循“右为上，后为上，左为下，前为下”的原则。

上车时，最好请宾客从右侧门上车，服务人员从左侧门上车，避免从宾客座前穿过。如果宾客先上车，坐到了服务人员的位置上，则不必请宾客挪动位置。饭店在接待团体宾客时，多采用旅行车接送。旅行车以司机座后第一排即前排为尊，后排依次为小。同一排座位的尊卑，从右侧往左侧递减。

3. 到店时的接待礼仪（见表6—2）

表6—2　到店时的接待礼仪

服务项目	服务礼仪
列队欢迎	重要宾客或团队到达时，饭店要组织服务人员列队到门口欢迎。列队服务人员的服装要整齐，精神要饱满，宾客到达时要鼓掌，必要时饭店总经理和有关领导要出面迎接。在宾客没有全部进店或车辆未全部开走前不得解散队伍
欢迎问候	宾客进入饭店后，服务人员要笑脸相迎，按照先主宾后随员、先女宾后男宾的顺序进行欢迎问候
发放房卡	服务人员及时将房卡交给宾客，为宾客打开电梯门，用手势请宾客进入电梯，对行动不方便的宾客，应主动搀扶入电梯
安排休息	宾客抵达所住饭店后，应稍做休息。如果是团队宾客，一般按照事先的安排给宾客提供服务。如果宾客有特殊的需要，饭店服务人员应该在请示领导的基础上，尽量满足宾客的需要，切不可过于生硬地拒绝宾客的要求
房间布置	房间内可播放轻松的音乐，使宾客旅途的疲惫得以舒缓。准备好最新报纸。这样可以营造宾至如归的氛围，使宾客有被尊重、优待的感觉，同时让宾客感受到饭店的热情

三、饭店送别礼仪

一般来说，在宾客离店的时候，要根据迎接时的规格安排送别。送别规格应与接待的规格大体相当，只是主人陪同宾客的位置与迎宾时有所不同。迎宾是服务人员在前，宾客在后；送客是宾客在前，服务人员在后。

饭店服务人员在送别宾客时，应注意下列事项。

1. 准备好账单，切不可在宾客离开后，再赶上前去要求宾客补“漏账”。

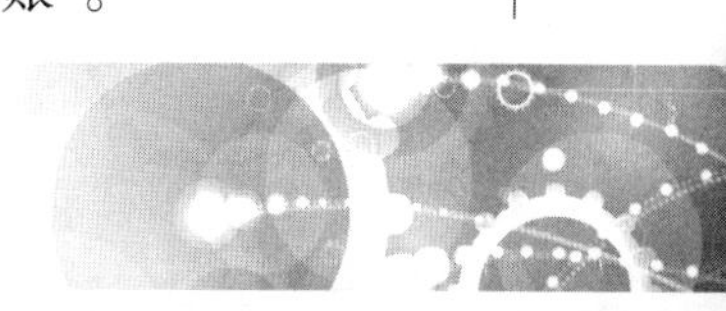

2. 做好行李服务，将宾客的行李或者稍重的物品送到门口，如果宾客要求，还可帮助其送到车上。

3. 为宾客安排好车子，并给宾客拉开车门，按先主宾后随员、先女宾后男宾的顺序或主随客便自行上车。

4. 送宾客时，应向宾客道别，祝福旅途愉快，目送宾客离去，以示尊重。

5. 对于重要的宾客，应该准确掌握宾客离开的时间，在宾客登机、登船、登车之前提前代办各种手续。

6. 对于重要的宾客，应安排送别仪式。

第 2 节 会见与会谈礼仪

一、会见礼仪

会见是国际交往中常采用的礼宾活动形式，一般称接见或拜会。

1. 会见的分类

会见一般分为礼节性会见、政治性会见和事务性会见。礼节性会见时间较短，话题较为广泛；政治性会见涉及双边关系、国际局势等重大问题；事务性会见则有一般外交交涉、业务洽谈等。

根据对象不同，会见形式又分为个别约见和大型接见。个别约见是指国家领导人或部门负责人就其一方面的外交事务和业务问题，与个别人士或使馆人员进行会面商谈的一种礼宾活动，它的特点是会见的范围小、保密性强。大型接见是指国家领导人会见一国或几国群众团体或国际会议代表，它的特点是参加会见的人数多、场面隆重。

2. 会见的座位安排

会见，在国际上通常安排在会客厅或办公室。有时宾、主各坐一边，有时穿插坐在一起。在安排座位上，各国也不一样。有的国家主、宾的座位特别；有的则是宾、主同坐在一个三人长沙发上。会见时的座位安排如图 6—1 所示。一般为主宾坐在主人的右边（个别情况例外），译员、记录员安排在主人、主宾的后面。其他宾客按礼宾顺序在主宾一侧就座，主方陪同人在主人一侧就座。座位不够可在后排加座。座位多采用单人沙发或扶手椅进行布置。人数在十几至几十人之间的会见，里圈用沙发，外圈用扶手椅或靠背椅围置。

3. 会见的服务礼仪

（1）当宾客到达前，服务人员要整理好茶几上的物品和沙发上的花垫。当宾、主来到会见桌前，服务人员要上前，助其就座。然后用茶杯上茶，杯把一律朝向宾客右手一侧。

（2）宾、主入座后，一般由两名服务人员从主宾和主人处开始递毛巾。递毛巾时，要热情地道一声“请”。如果是一名服务人员递毛巾，要先从主宾处开始，然后再递给主人。如果有两名服务人员，则递给主宾的服务人员动作要先于另一名服务人员。宾客用完毛巾，服务人员要及时回收，以保持桌面的整洁。如会见中招待冷饮，则在上完毛巾后递上，其礼宾顺序与上毛巾相同。上冷饮时，托盘中的冷饮品种要齐全，摆放要整齐，请宾客自选。

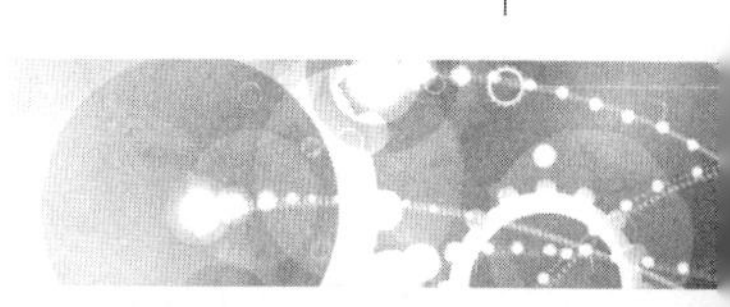

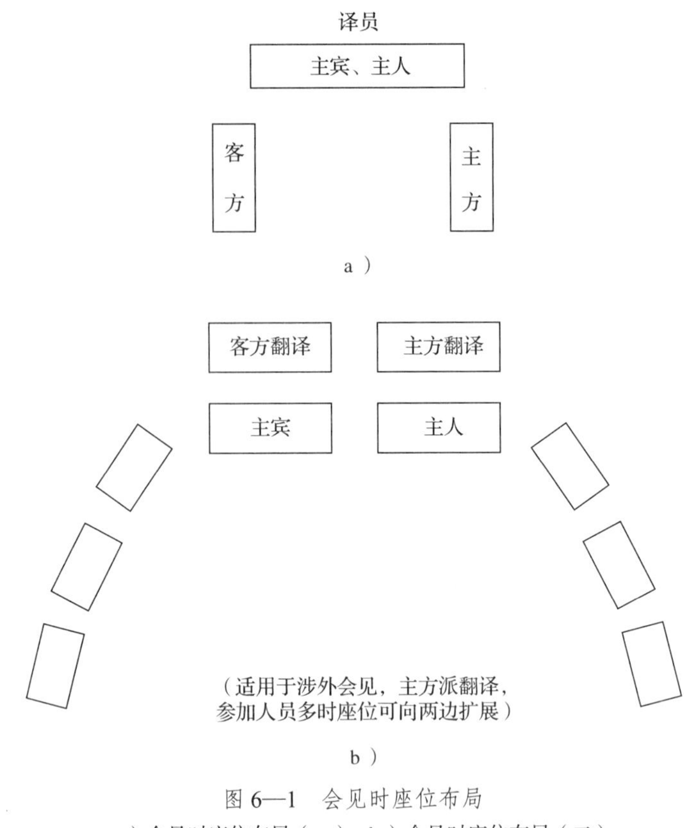

图 6—1　会见时座位布局

a）会见时座位布局（一）　b）会见时座位布局（二）

（3）会见期间的续水，一般为 30 分钟一次。续水用小暖瓶，并带块小毛巾。续水的顺序与上毛巾相同。

（4）如果会见中间有休息，服务人员要利用间隙迅速整理好座椅、桌面用品等，要注意不要弄乱和翻阅桌上的文件、本册等。会见进行的整个过程，应有一名服务人员在适当位置观察会见厅内情况，如有事招呼，要随时应承、及时处理。如有宾客去洗手间，要为其引路。

（5）会见厅的光线和温度，应根据规定或实际情况和主要宾客的要求而定。一般夏季室温为 24 ~ 25℃，冬季室温为 20 ~ 22℃。

（6）会见结束时，要照顾宾客退席。要及时把厅室门窗打开，并对活动现场进行检查。如发现宾客遗忘的物品，要设法立即送归原主。在主人送走宾客返回时，应及时给主要领导一块热毛巾，并送主要领导和年老及行动不便的领导上车。

二、会谈礼仪

会谈是指在正式访问或专业访问中，双方或多方就某些重大的政治、经济、文化、军事等共同关心的问题交换意见，或就具体业务进行谈判的活动。一般来说，会谈内容较为正式，政治性或专业性较强。

1. 会谈的座位安排

双边会谈一般是用长方形、椭圆形或圆形桌子。宾、主相对而坐，以正门为准，主方背对正门一侧，宾客面向正门。主人、主宾居中。我国习惯把译员安排在主人右侧，但有的国家也让译员坐在后面，一般应尊重主人的安排。其他人员按礼宾顺序左右排列。记录员可安排在后面，如参加会谈人数少，也可安排在会谈桌就座，如图 6—2 所示。

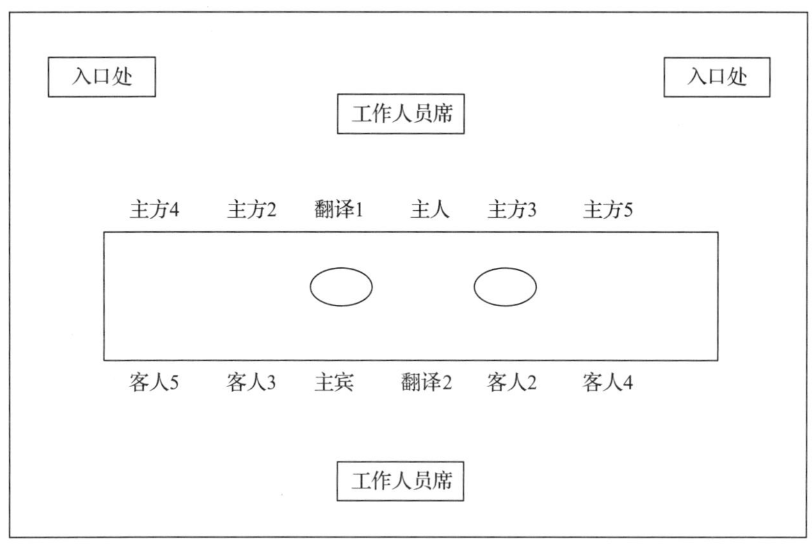

图 6—2 会谈座位安排示意一

如会谈的长桌一端朝向正门，则以入门方向为准，右为客方，左为主方，如图 6—3 所示。

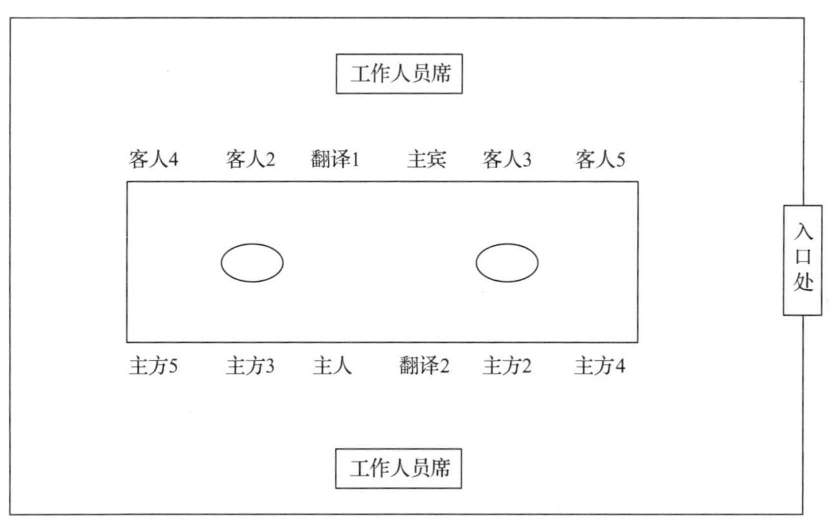

图 6—3 会谈座位安排示意二

2. 会谈的服务礼仪

（1）会谈用品的配置。在每个座位前的桌面正中摆放一本供记事的便笺，便笺下端距桌面边沿约 5 厘米。紧靠便笺的右侧摆红、黑笔各一支，便笺的右上角摆一个茶杯垫盘，盘内垫小方巾。

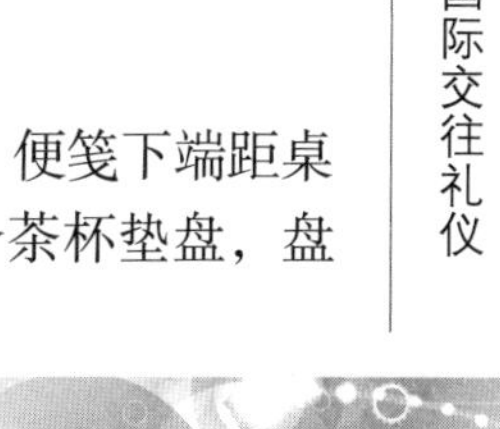

（2）会谈的服务程序

1）主人提前抵达现场，应接其入座，上茶。在主办单位通知外宾从驻地出发时，服务人员在工作间内沏茶。当主人到门口迎接外宾时，服务人员把茶杯端上，放在杯垫上。宾、主来到会谈桌前，服务人员要上前拉椅让座。当记者采访和摄影完毕，服务人员分别从两边按礼宾程序为宾、主双方递上毛巾，宾、主用后，应立即将毛巾收回。

2）会谈中间如果上其他饮料、水果、小点心等，应先把小毛巾放在托盘内上桌。会谈一般时间较长，可视宾客用水的情况及时续水。如果会谈中间休息，服务人员要及时整理好座椅、桌面用品并续水。在整理时，注意不要弄乱和翻阅桌上的文件、本册等。

3）会谈结束时，要照顾宾客退席，然后按工作程序做好收尾工作。

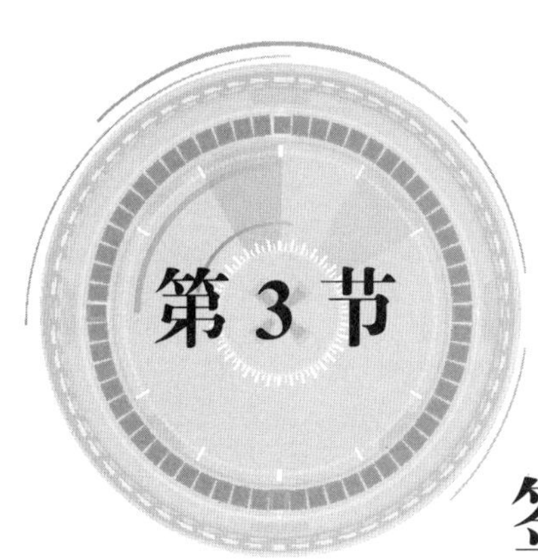

第 3 节 签字仪式礼仪

签字仪式既是一种常见和实用的仪式，也是谈判双方签署最终协议文本的一种礼仪方式。

一、签字仪式安排与准备

出任签字的人，一般视文件的性质由缔约各方确定。有国家领导人签的，也有政府有关部门负责人或工商组织的董事长、总裁签的。双方签字人的身份大体相当。

出席签字仪式者，基本上是双方参加会谈的全体人员。如一方要求让某些未参加会谈的人员出席，另一方应予同意，但双方人数最好大体相等。不少国家为了对签字仪式表示重视，往往由更高级别、更多的领导人出席签字仪式。

助签人员的安排由各方商定。助签人员要洽谈好有关工作细节。

我国同其他国家（或企业间）的议定书，要准备中外两种文字的文本，并一式两份（或多份），具有同等效力。

我国举行签字仪式，一般安排在签字厅。签字厅内设置一张长方桌，作为签字桌。桌面上覆盖着深色台呢，桌后的两把椅子为双方签字人员的座位，主左客右。签字台上摆放各自保存的文本，上端分别放置签字文具，中间摆放一旗架，悬挂签字双方的国旗，如图 6—4 所示。

二、签字仪式悬挂国旗方法

按照国际惯例悬挂双方国旗，以面向国旗为准，右为上，左为下。挂旗方法及图示见表 6—3。

三、签字仪式服务规程

宾主双方到达签字大厅时，服务人员要主动上前为签字人员拉椅让座。双方代表分别站在签字代表的身后。开始签字时，服务人员站在签字台两头等候，准备签字后撤椅子。服务人员要迅速将香槟酒启开，倒入香槟酒杯内（约六七分满），端入签字大厅，分别站在签字台两侧约 3 米处，准备上酒。

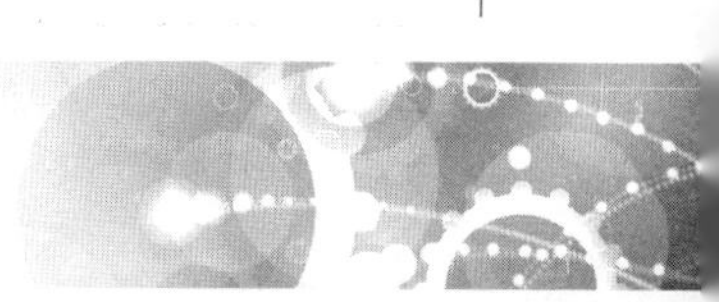

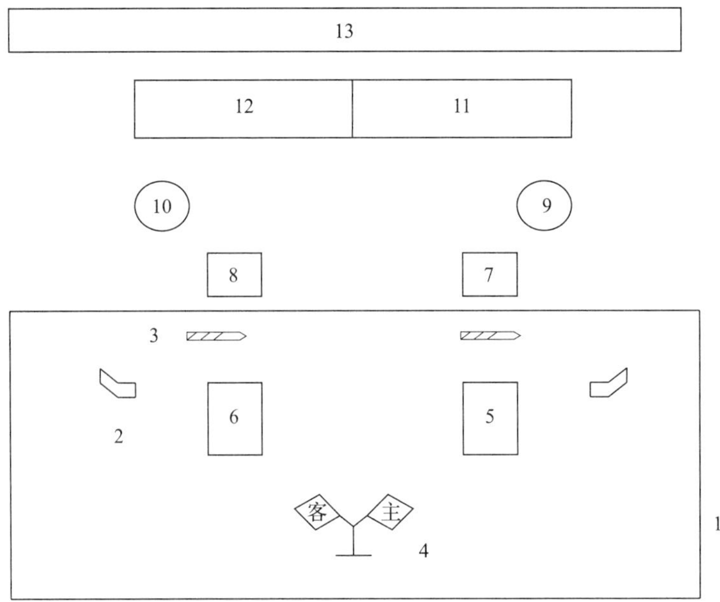

图 6—4 签字仪式的座位安排

1—签字台 2—吸墨器 3—签字笔 4—旗架 5—主方保存的文本 6—客方保存的文本 7—主方签字人座位 8—客方签字人座位 9—主方助签人位置 10—客方助签人位置 11—主方参加人员位置 12—客方参加人员位置 13—会标

表 6—3 挂旗方法及图示

挂旗法	图示
两面国旗并挂	客方 主方
三面以上国旗并挂	客方1 客方2 主方 注：多面并列，主方在最后；如是国际会议，无主客之分，按会议规定的礼宾排列即可
交叉悬挂	客方 主方
竖挂	客方 主方

当签字人员在文本上签完字后，由双方助签人员交换文本。当交换的文本签完字后，双方签字代表站起来正式交换。在签字人员相互握手时，由两名服务人员上前迅速将签字椅撤除。随后，端托香槟酒的服务人员立即跟上，分别将酒端至双方签字人员面前，请其端取。接着从桌后站立者的中间开始，向两边依次请其他人员端取。宾、主举杯祝贺并干杯后，服务人员要迅即上前用托盘接收酒杯，照顾签字代表退席。

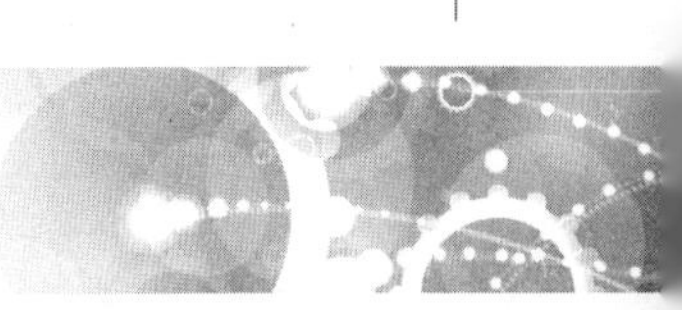

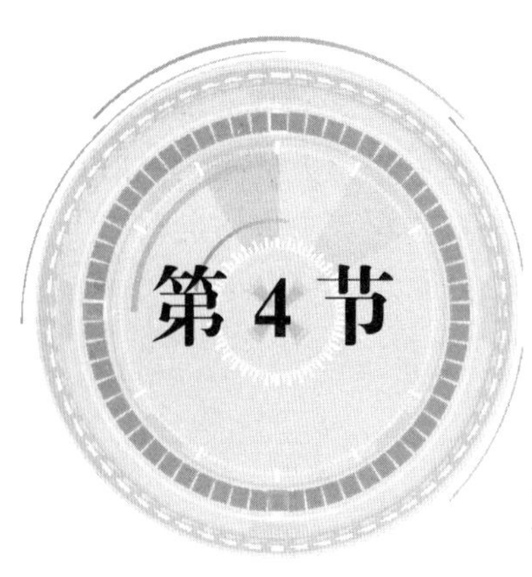

第4节 宴请礼仪

宴会是为了表示感谢、欢迎、喜庆、祝贺等举行的餐饮活动，是一种重要的交际形式，是国际交往中常见的活动形式之一。

一、宴请基本形式

常见的宴请形式有宴会、招待会、茶会和工作进餐四种，具体见表6—4。

表6—4　宴请基本形式

宴请类型		说明
宴会	国宴	国宴是国家元首、政府首脑为国家庆典或欢迎外国元首、政府首脑而举行的正式宴会。这种宴会规格最高，讲究环境布置，突出主桌，在国宴厅内须悬挂国旗，安排乐队演奏国歌及奏席间乐，并致辞或祝酒。国宴的礼仪隆重，要求严格，安排周到，体现庄重、热烈的气氛
	正式宴会	正式宴会通常是指政府或团体等有关部门，为欢迎应邀来访的国内外宾客而举行的宴会。正式宴会除不挂国旗、不奏国歌及出席规格不同外，其余安排与国宴大体相同。席间一般有致词和祝酒，有时乐队奏席间乐，宾、主按身份排位就座。许多国家的正式宴会十分讲究排场，在请柬上注明对宾客服饰的要求。正式宴会对餐具、酒、菜肴道数、陈设及服务人员的装束、仪态的要求都很严格
	便宴	便宴是一种非正式的宴会，可不排席次，可简短祝酒而不做正式讲话，使人有亲切之感
	家宴	在家中设宴招待宾客，采用这种形式以示对宾客亲切友好。家宴往往由女主人亲自下厨烹调，家人共同招待
招待会	冷餐会	菜肴以冷食为主，也适当加上两三道热菜，连同餐具摆放在桌上，供宾客自取。可以不设座椅，站立进餐，也可以设小桌和少量座椅。除桌上摆有座签的宾客须按位次入座外，其他宾客和主人可以自由入席，随意走动，互相敬酒
	酒会	招待品以酒为主，配以各种果汁，略备小吃。酒会不设座，仅置小桌或茶几，以便宾客随意走动，广泛接触交谈。宾客可在请柬注明的时间范围内到达或者退席，来去自由，不受约束。如果请柬上没有注明结束时间，一般情况下可按两小时左右掌握
茶会		茶会是一种日常的交际方式，通常在下午举行，一般不超过两小时。仅备茶点待客，一边品茶，一边交谈。因此，茶叶、茶具的选择较为讲究。茶叶应具有地方特色，外国人多用红茶。茶具用陶瓷器皿，不宜用玻璃杯，也不要用暖水壶代替茶壶。茶会地点应设在客厅而不在餐厅。也有不用茶而用咖啡的，其组织安排与茶会相同
工作进餐		工作进餐是国际交往中经常采取的一种非正式宴请，分早、午、晚三种形式，一般以午餐为多。宾、主在会谈协商期间，利用进餐的机会，边吃边谈，氛围较为轻松

二、宴请组织和安排

1. 编排席次

按照国际惯例，桌次的高低以离主桌位置的远近而定，右高左低。桌数较多时，要摆桌次牌。一般而言，以面对大门、背靠饭厅或礼堂的主题墙面的位置为正位，定位为主桌位。

宴会可以用圆桌，也可以用长桌或方桌。一桌以上的宴会，桌子之间的距离要适宜，各个座位之间的距离也要相等。如果安排乐队奏乐，不宜离宴席太近。

宴会座次要根据国内外不同的习惯进行安排。按我国习惯，通常情况是面朝入口处的座位为主人座位，主人对面是副主人位置，主人的右边为主宾，左边为第二副主宾，副主人位置的右边为第一副主宾，其余按先右后左顺序依次类推。依据国际惯例，座席安排应男女穿插，以女主人为准，主宾在女主人右边，主宾夫人在男主人右边。

对外交往中如遇特殊情况，可灵活安排座次。如主宾身份高于主人，为表示对其敬重，可把主宾安排在主人的位置上，而主人则坐在主宾的位置上，第二主人坐在主宾的左侧，也可以按常规安排。译员一般安排在主宾的右侧（若以长桌作为主宾席，译员可安排在主宾对面，以便于交谈），在许多国家，译员坐在主宾和主人背后，并不上席，便于双方交谈。

具体安排席位时，还要考虑多种因素，如身份大体相同，语言、专业及信仰相近者可安排在一起；政见分歧过大、关系紧张者等应尽量避免安排在一起。

西餐席位安排仍遵循“男左女右、右高左低”这一基本原则，并要考虑宾客的职务高低，以及人事关系、政治形势等因素。

2. 宴会厅的布置

宴会厅的布置与装饰以宴会的类型和活动的目的为依据。大型宴会会场可以悬挂彩灯等饰物，餐桌上可摆放一些鲜花，但花形不可太高，否则会挡住宾客的视线。宴会厅总的布置要求是宽敞整洁、庄重大方、空气清爽、设备齐全、布局合理。

三、宴请程序

1. 主人在宴会厅门口迎候贵宾。宾客陆续到达，均由接待人员引进休息室，如无休息室则直接进入宴会厅，但暂不入座。

2. 主宾到达后，由主人陪同进入休息室与其他宾客见面。当主人陪同主宾进入宴会厅时，全体宾客就座，宴会即开始。如果休息室小，宴会规模大，也可请主桌以外的宾客先入座，主桌上的贵宾最后入座。

3. 如果主人和主宾要发表讲话，应由主持人先介绍，一般安排在热菜之后甜食之前，有时也可安排在刚入席时进行。首先主人致辞，然后主宾讲话。

4. 菜单上的最后一道菜用毕，主持人宣布宴会结束，主人与主宾起立，其他宾客方可离开。主宾告辞，主人送客至门口。主宾离去后，原迎宾人员仍按顺序排列，礼貌送别其他宾客。

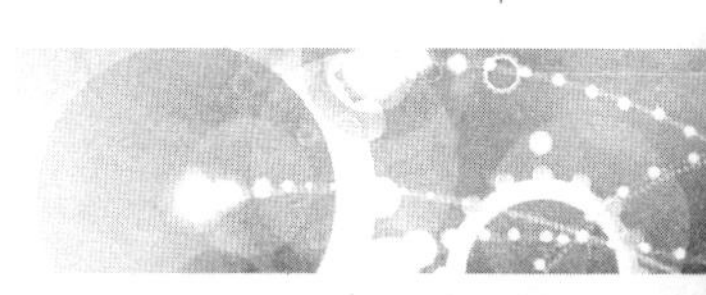

四、宴会服务注意事项

宴会开始后，要与厨房取得联系，掌握好上菜的时机。上菜的速度要适宜，太快了服务人员来不及分派，宾客也来不及品尝；太慢了显得台面菜点不丰盛，宾客空等比较尴尬。有些宾客不习惯别人帮忙分菜而偏好自己动手，服务人员应先询问宾客的意见。

在给宾客斟酒时要求不洒漏，动作准确娴熟，宾客干杯后及时斟酒，如发现宾客掉餐具要及时更换。在上菜和撤菜盘时，要注意盘子平稳，不可发生把菜汤洒在宾客身上的现象，并且要防止宾客无意中碰洒菜盘。在进餐时要及时撤换餐具，做到左上右撤。要注意观察宾客的进餐情况，及时解决宾客在进餐中提出的问题，特别是国际性宴会，当外宾不会用筷子就餐时应立即为其更换刀叉。

宴会中，当宾、主讲话或奏国歌时服务人员要停止操作，肃立两旁保持安静，切忌发出响声。在服务过程中，服务人员要密切配合，出现漏洞要互相弥补，以优质一流的服务赢得宾客的认可。在宴会中如有急事通知用餐宾客时，应寻找适当的时机轻声告知宾客，或者找主办单位通知用餐宾客，切忌大声呼叫。宴会进行中，服务人员要微笑服务并且要做到“三轻一快”，即操作轻、说话轻、走路轻，动作敏捷服务快，切忌在宾客面前出现抠鼻、修指甲等与宴会不协调的举动。

宴会结束后应主动征求宾客的意见并及时向领导汇报。主管要对本次的任务进行小结，以便不断提高宴会服务质量与服务水平。

第7章

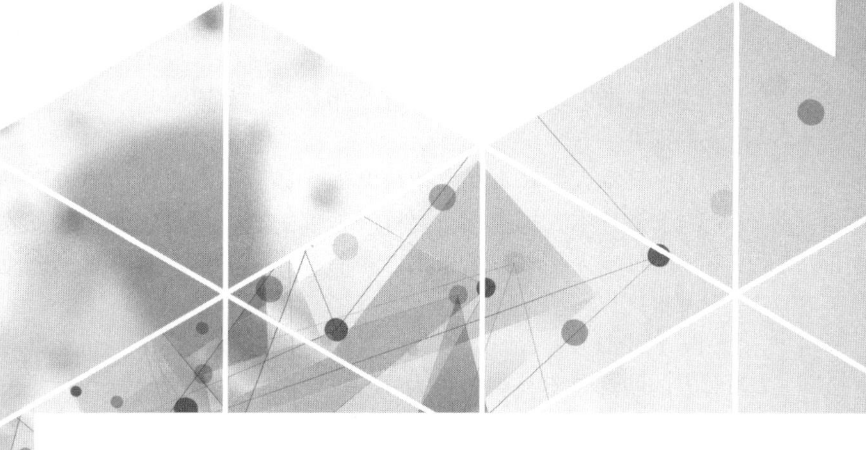

主要客源国（地区）礼仪习俗与禁忌

第1节 亚洲国家（地区）礼仪习俗与禁忌

亚洲的礼仪习俗有着东方古老文明的背景和浑厚东方文化的积淀。亚洲也是地理环境和社会文化差异最大的大洲，礼仪习俗千差万别。

一、日本

1. 礼仪习俗

（1）日本人非常注重礼貌用语，常用的寒暄语有“您好”“晚安”“初次见面，请多关照”“拜托您了”“失陪了”等。

（2）日本人初次见面，双方互相鞠躬、互递名片，一般不握手；老朋友见面，可行握手礼或拥抱礼。

（3）日本人一般不在家招待客人，如有事需要拜访，应事先约好。

（4）和日本人打招呼，要称呼他们的姓，只有家人和朋友才称呼名字。

（5）日本人在多数场合都彬彬有礼，尽量不让对方感到尴尬。一件事不管办成与否，日本人都报之以微笑。

（6）日本人看人时，不是注视对方的双眼及脸部，而是看对方的脖子部位，他们认为盯着对方的脸部是不礼貌的行为。

（7）日本人喜爱白、蓝、黄等色。

（8）日本人喜爱松、竹、梅、鹤、龟等动植物。

2. 禁忌

（1）日本人不喜欢紫色，忌绿色。

（2）日本人忌送荷花。探望病人时忌用山茶花、仙客来，以及淡黄色和白色的花。

（3）日本人忌“9”“4”等数字。因“9”在日语中发音和“苦”相同，赠送礼品时，切勿赠数字为“9”的礼物。“4”的发音和“死”相同，故在安排食宿时，要避开4层楼、4号房间、4号餐桌等。

（4）日本商人还忌“二月”“八月”，因为这是营业的淡季。

（5）日本人送礼物忌送梳子，因为梳子的发音与“死”相近。

（6）日本人慎用“先生”作为称呼。在日本，“先生”一词只限于称呼教师、医生、年长者、上级或有特殊贡献的人。对一般人称“先生”，会让他们觉得尴尬。

（7）日本人忌“八筷”（舔筷、迷筷、移筷、掏筷、跨筷、剔筷、扭筷、插筷）。

二、韩国

1. 礼仪习俗

（1）在韩国，晚辈见长辈、下级对上级规矩很严格。握手时，应以左手轻置于右手腕处，躬身相握，以示恭敬；与长辈同坐，要挺胸端坐，若想抽烟，必须征求在场的长辈同意；用餐时不可先于长者动筷等。

（2）在韩国，男子见面时，可打招呼，相互行鞠躬礼并握手。女子与他人见面时通常不与他人握手，只行鞠躬礼。

（3）在韩国，妇女对男子十分尊重，双方见面时，女子先向男子行鞠躬礼，致意问候。

（4）多人相聚时，往往根据身份高低和年龄大小依次排定座位。如应邀去韩国人家里做客，不可空手前往，可带一束鲜花或一份小礼物，并用双手奉上。

2. 禁忌

（1）韩国人对数字“4”非常反感。

（2）与韩国人交谈时，可选择的话题有韩国文化、国家的经济成就等。

三、新加坡

1. 礼仪习俗

（1）新加坡人待人处事彬彬有礼，习惯笑脸相迎。

（2）新加坡人对吉祥字、吉祥图画等都有特殊的感情，对“喜”“福”“吉”“鱼”字都非常喜欢，认为这些字预兆着吉利。

（3）新加坡人酷爱花草，“兰花”是他们偏爱的花种。他们特别喜欢在装饰华丽、花草繁多的环境中宴请、攀谈或休息。

（4）新加坡人偏爱红色，认为红色艳丽夺目，对人有激励作用。他们还把红色看成是庄严、热烈、勇敢和宽宏的象征。

（5）新加坡人的闲谈话题，一般都是旅游中的见闻和一些在经济方面的成就。与新加坡人交谈时，要回避宗教和政治方面的话题。

2. 禁忌

（1）新加坡人忌讳有人口吐脏言，不喜欢“4（死）”和“7（消极）”等数字。

（2）新加坡人忌讳乌龟，认为这是种不祥的动物，给人以色情和羞辱的印象。

（3）新加坡人忌说“恭喜发财”之类的话，“发财”两字被认为含有“横财”之意，而“横财”就是不义之财。因此，祝愿对方“发财”，无异于挑逗、煽动他人去损人肥己，是对社会有害的行为。

四、马来西亚

1. 礼仪习俗

马来西亚人友好和善，注重礼节，尊老爱幼。在马来西亚，尤其是马来西亚人家里，右

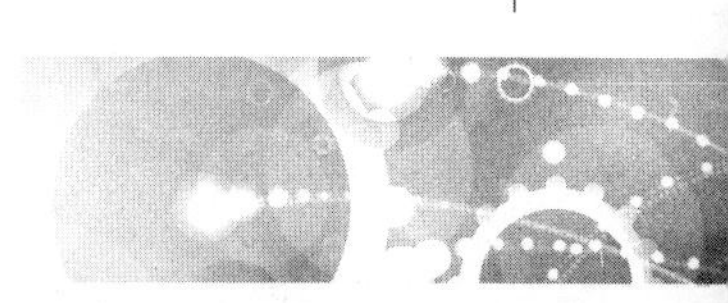

手被用来赠予、接受、打手势。除非双手并用，用左手赠予或接受被认为是不礼貌的。用食指指示也是如此，需用手指的时候，请用右手大拇指，并将四指握拳。

2. 禁忌

（1）马来西亚人忌黄色，不穿黄色衣服，认为单独使用黑色是消极的。

（2）马来西亚人忌讳的数字是“0”“4”和“13”。

（3）马来西亚人忌食狗肉、猪肉，忌使用猪皮革制品，忌用漆筷（因传统漆筷在制作过程中用了猪血），忌谈及猪、狗的话题。

（4）马来西亚是禁酒的，因此不能用酒来招待宾客。

五、泰国

1. 礼仪习俗

（1）泰国人在待人接物中，有许多约定俗成的规矩。朋友相见，双手合十，互致问候。晚辈向长辈合十行礼，双手要举到前额，长辈也要合十回礼，以表示接受对方的行礼。年纪大或地位高的人还礼时，手部不必高过前胸。行合十礼时双掌举得越高，表示尊敬的程度越深。

（2）泰国人进寺庙烧香拜佛或参观时，必须衣冠整洁，每个人必须脱下鞋子方可进庙。若在庙堂中赤胸露背、衣冠不整，会被认为玷污了圣地、对神佛失敬。

（3）在泰国，如有长辈在座，晚辈只能坐在地上，或者蹲跪，以免高于长辈的头部，否则是极大的失礼。别人坐着时，也不可把物品越过其头顶。给长者递东西时必须用双手。

（4）泰国人递东西一般用右手，表示尊敬。如不得已需用左手时，要说一声“请原谅”。也不能把东西扔给别人，这是不礼貌的行为。从坐着的人们面前走过时，要略微躬身，表示礼貌。

（5）泰国人有进门先脱鞋的习惯，到当地人家做客，如果发现室内设有佛坛，必须马上脱掉鞋、袜和帽子。

2. 禁忌

（1）泰国人忌讳褐色，喜欢红色、黄色，并习惯用颜色来表示不同的日期。

（2）在泰国，忌讳狗的图案。

（3）泰国人非常重视头部，认为头颅是智慧所在，是神圣不可侵犯的。如果用手触摸泰国人的头部，则被认为是极大的侮辱。

（4）在泰国，脚被认为是低下的，忌把脚伸到别人跟前，也不能把东西踢给别人，否则均为失礼。此外，泰国人就座时最忌跷腿，把鞋底对着别人，被认为是把别人踩在脚下，是一种侮辱性的举止。妇女就座时双腿要并拢，否则会被认为缺乏教养。

（5）在泰国，所有的佛像都是神圣的，未经允许不准拍照。

（6）泰国人认为门槛下住着善神，故绝不可以踩踏门槛。

六、我国台湾地区

1. 礼仪习俗

（1）台湾同胞很讲究社交礼貌。无论见面、会友，还是交际、拜访，在举止言行方面，他们特别注意尊重他人。

（2）台湾民间一般都以红色为吉祥的象征。探亲访友时，他们总习惯把礼物用红纸包装。

（3）台湾同胞很喜欢数字“6”，有“六六顺”之说，又因“6”与“禄”同音，是有钱财、有福气的吉祥之意。

（4）台湾同胞在社交场合与人见面时，一般行握手礼。信奉佛教的人，社交礼节为双手合十礼。

2. 禁忌

（1）忌讳别人打听他们的工资收入、年龄和家庭住址。

（2）不喜欢有人冲他眨眼，认为这是一种极不礼貌的行为。

（3）忌讳以扇子、手巾、雨伞、甜果、粽子和剪刀赠人。

七、我国港澳地区

1. 礼仪习俗

（1）港澳同胞在社交场合与人相见时，一般行握手礼。亲朋好友相见时，也有用拥抱礼和贴面颊式的亲吻礼。

（2）他们向人表达谢意时，往往用叩指礼（即把手指弯曲，以几个指尖在桌面上轻轻叩打，以表示感谢）。

（3）港澳同胞几乎在所有场合都是矜持和拘礼的，要避免一切可能使其失面子的矛盾冲突。

2. 禁忌

（1）忌讳数字“4”，因为“4”与“死”谐音，故一般不说不吉利的“4”，非说不可的情况下，常用“两双”或“两个二”来代替。

（2）忌讳别人打听自己的家庭地址，忌讳询问个人的工资收入、年龄状况等情况。

（3）忌说“节日快乐”，因为“快乐”与“快落”谐音，是很不吉利的。

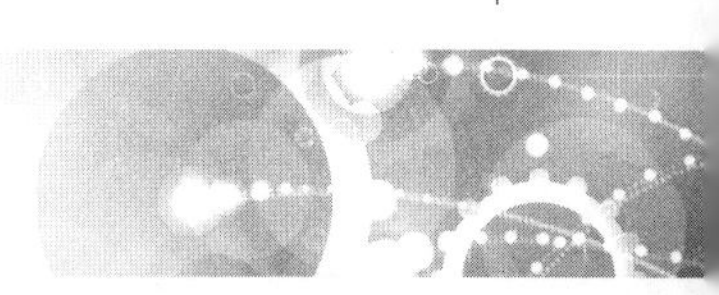

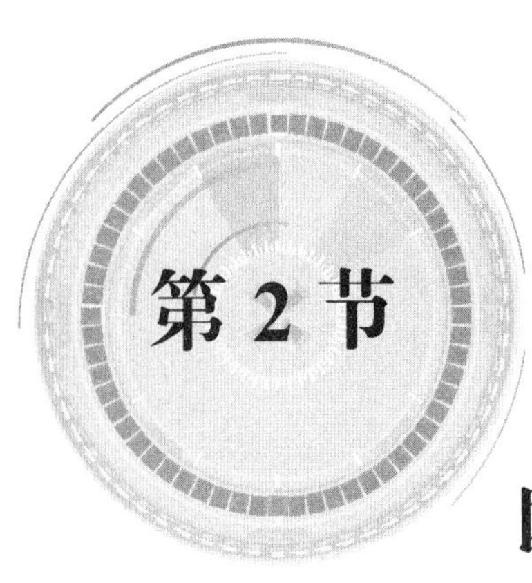

第 2 节 欧洲国家礼仪习俗与禁忌

习惯上，人们把欧洲细分为东、西、南、北、中五个区域，不少国家不但自然环境优美、文化古迹多，而且工业相当发达，国民生活水平高，吸引着世界各地的游客前往观光游览。

一、英国

1. 礼仪习俗

（1）英国上层社会尤其讲究“绅士”“淑女”风度，不轻易表态。人们相处时，彼此很少闲谈，即使寒暄几句，也很简短，通常只提一下天气情况或者报纸新闻。

（2）英国人见面很少握手，更不像东欧人那样热烈拥抱，他们一般是在初次见面、外出远行、久别重逢时才握手。男女之间除热恋者外，一般都不手拉手走路。

（3）英国人见面时的称呼遵照传统的礼仪习惯。对尊长、上级、不熟的人用尊称，在对方姓名之前要冠以职称、衔称或“先生”“女士”“夫人”“小姐”等称呼，亲友和熟人之间常用昵称以表示亲切。

（4）英国人下班后不谈公事，特别讨厌就餐时谈公事，也不喜欢邀请有公事交往的人到自己家中吃饭。

（5）到英国人家中做客，稍微迟到被视为是礼貌行为。

2. 禁忌

（1）忌数字“13”。

（2）英国忌用人像作为服饰图案和商品装潢，也忌用大象和孔雀图案。英国人认为大象是愚笨的，孔雀是淫鸟、祸鸟，连孔雀开屏也被认为是自我吹嘘和炫耀。忌讳猫头鹰、羊及代表死亡的百合花。

（3）英国人忌讳墨色和紫色。

二、法国

1. 礼仪习俗

（1）法国人常用的见面礼有握手礼、拥抱礼和吻面礼。

（2）称呼法国人时，宜在其姓氏后加上“先生”“夫人（女士）”“小姐”。

（3）法国人初次见面，一般不需要送礼物；第二次见面时，则必须送点礼物，否则就会被认为是失礼的。法国人不赠送或接受有明显广告标记的礼物，而喜欢有文化价值和艺术水平的礼物。

（4）法国人约会讲究准时，不准时被认为是不礼貌的。

（5）法国人待人彬彬有礼，礼貌语言不离口。稍有不当，如偶尔碰了别人一下，就认为自己失礼而马上说“对不起”。在公共场所，他们不大声喧哗。

（6）家宴是法国商人对客人最隆重的款待，而且不会被视为交易的延伸。

（7）在正式宴会上，如果餐桌上没有烟灰缸，则不可抽烟。

2. 禁忌

（1）法国人忌数字“13”。

（2）法国人忌墨绿色。

（3）法国人忌黑桃图案，认为不吉祥；忌仙鹤图案，认为仙鹤是蠢汉和淫妇的代称。

（4）法国人忌黄色的花，认为是不忠诚的表现。另外，牡丹花、水仙花、金盏花也不受欢迎。

（5）法国人忌送香水等化妆品给法国女士，因为它有过分亲热或图谋不轨之嫌。

三、德国

1. 礼仪习俗

（1）德国人有朝气，守纪律，好清洁，待客热情，如主人请你喝酒，喝得爽快，主人会感到高兴。

（2）在德国，对方有学术和职业头衔，应用学术和职业头衔称呼对方，如“教授”“博士”，因为在德国，获得学术和职业头衔是他们引以为豪的资本。与德国人交往，如果你有学术和职业头衔，一定要印在名片上。

（3）德国人待人接物严肃拘谨，态度诚恳坦率。

（4）德国人在礼节上讲究形式，约会很守时。

（5）在德国人的宴会上，遵循“以右为尊”的原则，当女士离开饭桌或回来时，男士要起立以示礼貌。

（6）给德国人送礼，应尽量选择有民族特色、带文化味的东西。

2. 禁忌

（1）德国人忌讳数字“13”和星期五，认为“13”是带有厄运的数字。

（2）德国人忌食核桃，认为核桃是不祥之物。

（3）德国人忌讳蔷薇、菊花，不喜欢随便送玫瑰花，认为郁金香“毫无感情”。

（4）德国人忌以茶色、红色、深蓝色和黑色作为包装色。

四、意大利

1. 礼仪习俗

（1）意大利人热情友好，性格开朗，待人接物彬彬有礼。见面时大都行握手礼，也可用手示意，久逢的朋友行拥抱礼。

（2）与意大利人谈话要注意分寸，一般谈论家庭、工作、新闻、足球皆可。

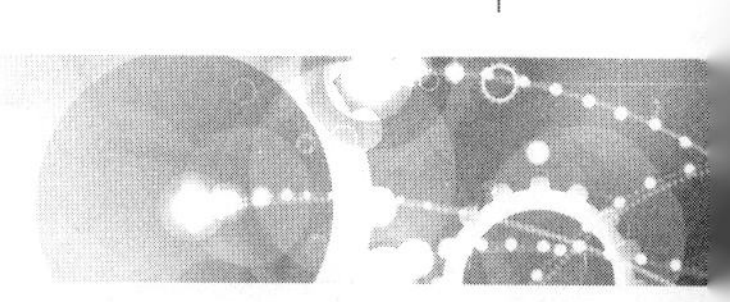

2. 禁忌

（1）意大利人忌用菊花，因菊花是他们扫墓祭奠亡灵才用的花。

（2）意大利人送礼，忌送手帕。

五、俄罗斯

1. 礼仪习俗

（1）俄罗斯人初次见面行握手礼。

（2）俄罗斯人相互介绍按女士、长者、男士、年轻人的顺序进行。

（3）在称呼上，熟人之间直呼其名（本名）；陌生人之间，年轻人对长辈、下级对上级则必须使用尊称。

（4）在俄罗斯，鲜花是深受欢迎的礼物。赠送鲜花时，颜色以红色为宜，数量以单数为宜，因为俄罗斯人视单数为吉祥的象征。参加丧礼时，要送双数的鲜花，通常选择康乃馨或郁金香。

（5）在俄罗斯，可以作为馈赠礼品的有酒、鲜花、艺术品和书籍。

2. 禁忌

（1）俄罗斯人忌讳数字“13”，不喜欢星期五，视“7”为吉利数字。

（2）与俄罗斯人谈话，要坦诚相见，不能在背后议论他人。

（3）忌问俄罗斯妇女的年龄、衣饰价格等。

（4）俄罗斯人忌用黑色（西服、包装等），也不喜欢黄色（表示不忠诚）。

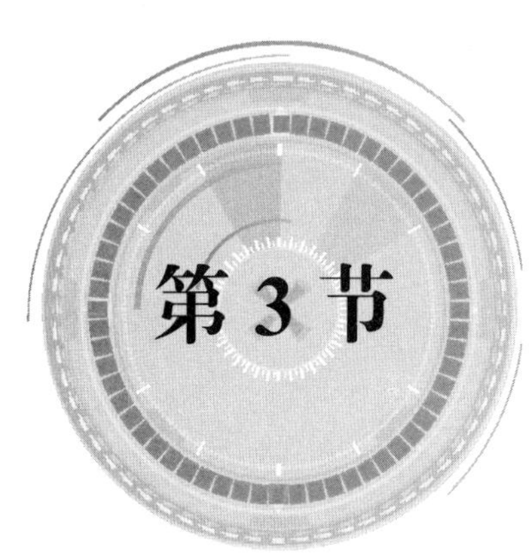

第 3 节 北美洲国家礼仪习俗与禁忌

美国和加拿大占北美洲面积的绝大部分和人口的大部分，是世界上两大经济发达地区，对外贸易地位重要，也是我国主要的旅游客源国。

一、美国

1. 礼仪习俗

（1）美国人一般性格开朗，举止大方，即使素不相识，谈笑间也毫不拘束。他们以不拘礼节著称，第一次同人见面，常直呼对方的名字。不一定行握手礼，有时只是笑一笑，说一声“嗨”或“哈罗”。这种不拘礼节的打招呼，跟其他国家行正式握手礼的意义相同。在分手时也不一定跟别人道别或握手，而是向大家挥挥手，或者说声“明天见”“再见”。

（2）多数美国人，不论年龄，大家都喜欢直呼其名，并认为这是亲切友好的表示。他们不喜欢用“先生”“夫人”或“小姐”之类的称呼，认为这类称呼太过于郑重其事。

（3）对于美国妇女，不要存男女有别的观念，要充分尊重她们的自尊心。见面时，如果她们不先伸手，不能抢着要求握手；如果她们已伸手，则要立即做出相应的反应，但不能握得又重又紧、长时间不松手。

（4）美国人与人交往能遵守时间，很少迟到。他们通常不主动送名片给别人，只有双方想保持联系时才送。当着美国人的面如想吸烟，必须先问对方是否介意，不能随心所欲、旁若无人。

（5）现代的美国人平时不太讲究衣着，只有在正式的社交场合才讲究服饰打扮。美国妇女日常有化妆的习惯，但不浓妆艳抹。在她们眼里，化淡妆是一种需要，也是尊重别人的体现。

（6）美国人讲话，礼貌用语很多，“对不起”“请原谅”“谢谢”“请”等脱口而出，显得很有教养。美国人很重视隐私权，忌讳被人问及个人私事。

2. 禁忌

（1）美国人忌讳数字“13”和星期五。

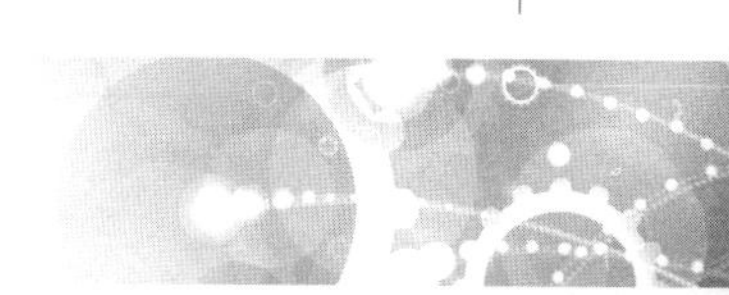

（2）美国人忌蝙蝠图案，认为它是凶神的象征。

（3）美国人忌讳与穿着睡衣的人见面，认为这是严重失礼的。

（4）美国人不提倡人际间交往送厚礼，因为那会被认为别有用心。

（5）美国人忌食动物内脏。

二、加拿大

1. 礼仪习俗

（1）加拿大人相遇时，都会主动向对方打招呼问好。

（2）在非正式场合，加拿大人喜欢直呼其名，父子之间互称其名，也是常见之事；有时加拿大人会连姓带名称呼对方，并冠以“先生”“小姐”“夫人”之类的尊称。

（3）加拿大人在日常生活里不习惯使用对方的头衔、学位、职务，只有在官方活动中才会使用。

（4）应邀到加拿大朋友家中做客和吃饭，可给女主人带一束鲜花，也可带一瓶酒或一盒糖果。

（5）加拿大人的商务馈赠往往在宴会结束时举行，馈赠时忌送贵重或表面装饰豪华的礼品，否则会被视为有行贿嫌疑。

2. 禁忌

（1）加拿大人忌讳数字“13”和星期五。

（2）加拿大人不喜欢黑色和紫色。

（3）加拿大人忌百合花，因为这是在葬礼上使用的花。

（4）加拿大人忌食各种动物内脏。

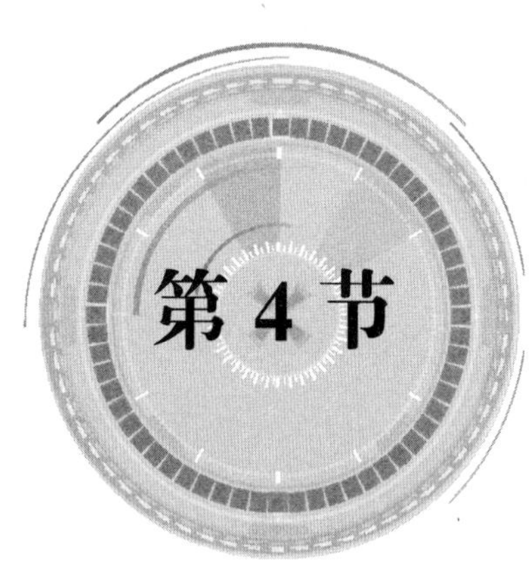

第 4 节 大洋洲国家礼仪习俗与禁忌

大洋洲是世界上陆地面积最小的大洲。澳大利亚和新西兰是这一地区经济较为发达的国家。

一、澳大利亚

1. 礼仪习俗

（1）澳大利亚人见面时行握手礼，握手时非常热烈，彼此称呼名字，表示亲热。

（2）澳大利亚人办事爽快、认真，喜欢直截了当，也乐于交朋友。

（3）澳大利亚人注意遵守时间并珍惜时间。

2. 禁忌

（1）澳大利亚人很讨厌数字“13”，认为“13”会给人们带来不幸和灾难。

（2）在澳大利亚，即使是很友好地向人眨眼（尤其是向女性眨眼），也会被认为是极不礼貌的行为。

（3）澳大利亚人认为兔子是一种不吉祥的动物。

（4）澳大利亚人忌讳自谦的客套语言，认为这是虚伪、无能或看不起人的表现。

二、新西兰

1. 礼仪习俗

新西兰人与澳大利亚人一样，见面行握手礼，守时惜时，待人诚恳热情，不刻板。

2. 禁忌

（1）新西兰人把数字“13”视为凶神，无论做什么事情，都要设法回避“13”。

（2）新西兰人相互间的话题多为运动，不谈及私人事务，不过问他人的政治立场、宗教信仰等。

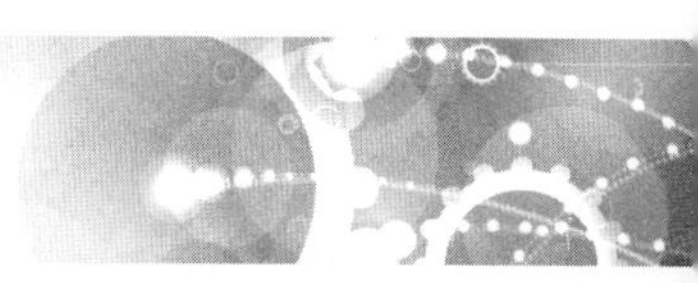

第 5 节 非洲和拉丁美洲国家礼仪习俗与禁忌

非洲是世界第二大洲，其礼仪习俗随民族部落和原始宗教的不同而呈现复杂性和多样性。

拉丁美洲包括南美洲和北美洲南部，居民主要使用西班牙语和葡萄牙语。拉丁美洲的礼仪习俗主要继承西班牙、葡萄牙等国的传统，也受当地传统的影响。

一、埃及

1. 礼仪习俗

（1）埃及人与宾朋相见或送别时，一般都行握手礼，或施拥抱礼。

（2）递送或接受礼物时要用双手或右手。

（3）招待埃及客人时，一定要备有非酒类饮料。

（4）受邀至埃及人家中做客，可以带一些鲜花与巧克力作为礼物。

2. 禁忌

（1）埃及人忌蓝色和黄色，认为蓝色是恶魔，黄色是不幸的象征。

（2）埃及人忌讳用左手传递东西或食物。

（3）埃及人忌在他人面前打哈欠、打喷嚏，如果实在控制不住，应转身捂嘴，并道声“对不起”。

二、墨西哥

1. 礼仪习俗

（1）在墨西哥人的商务活动中，一般行微笑礼和握手礼，熟人相见行拥抱礼与亲吻礼。

（2）在正式场合，墨西哥人习惯在交往对象的姓氏之前加上“先生”“小姐”“夫人”之类的尊称。

（3）墨西哥人喜欢邀请朋友到家中做客，并用民族膳食招待。

2. 禁忌

（1）墨西哥人忌讳数字“13”和星期五。

（2）墨西哥人视公共场所“男子穿短衫，女子穿长裤”为有失体面。他们认为“男子穿西服，女子穿长裙”才合情理。

（3）墨西哥人忌讳有人送给他们黄色或红色的花，他们认为黄色意味着死亡，红色会给人带来晦气。墨西哥人也不喜欢紫色，认为紫色是一种不祥之色。

（4）墨西哥人忌讳蝙蝠及其图案和艺术造型。因为他们认为蝙蝠是一种吸血鬼，给人以凶恶、残暴的印象。

第8章

宗教礼仪

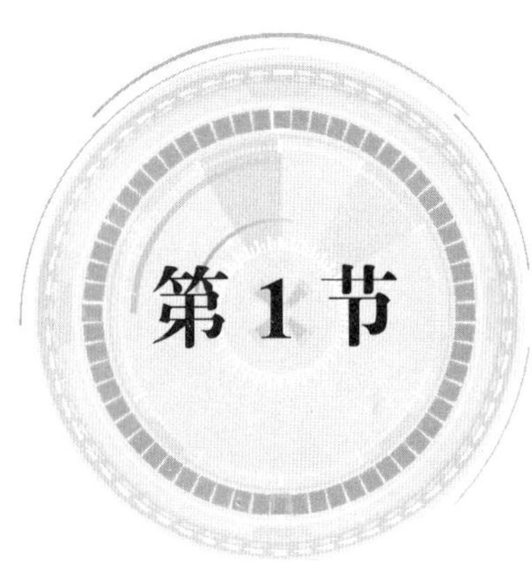

第1节 佛教礼仪

一、概述

在世界三大宗教中，佛教创立最早，传入中国也最早。佛教在长期的传播过程中，形成了各具地区和民族特色的教派，确立了佛教各派共同承认的基本教义和佛教徒共同遵守的礼仪。

1．称谓

佛教在各国的教制、教职不尽相同，称谓也不完全一致。在我国寺院中主要负责人称“方丈”或“住持”，负责内部事务的人员称“监院”，负责对外联络的人员称“知客”，他们被尊称为“长老”“高僧”“大师”或“法师”。

佛教徒中出家的男性称“比丘”，简称“僧”，俗称“和尚”；出家的女性称“比丘尼”，简称“尼”，俗称“尼姑”。凡出家的佛教徒必须剃除须发，披上袈裟，称为“披剃”。

2．四威仪

威是威德，仪是仪态，威仪是指僧尼日常生活中的言行标准。四威仪是指行、坐、立、卧所展现的风度，要求行如风、坐如钟、立如松、卧如弓，也就是走路要有走路的样子，行走时要能像风，轻快敏捷；坐要有坐相，要像大钟一样，沉稳庄重；站要有站相，要如松树一般，正直挺拔；睡觉要有睡觉的姿势，要像弯弓般，右胁而卧（吉祥卧）。

3．受戒

受戒是指通过一定的仪式领受戒法，为自己的修行保驾护航。凡皈依佛教的人都应受持戒律，以便更好修行。戒的种类比较多，有五戒、八戒、沙弥戒、比丘戒、菩萨戒等。受戒一定要审慎郑重，受前仔细阅读戒条内容，受后要谨守勿犯。

4．合十

合十也称合掌，是指佛教徒之间或佛教徒与他人见面时行的一种礼节，一般有跪合十礼、蹲合十礼、站合十礼。

跪合十礼适用于佛教徒拜佛祖或僧侣的场合，行礼时右腿跪地，双手合掌于两眉中间，头部微俯，以表恭敬虔诚；蹲合十礼是盛行佛教国家的人拜见父母或师长时所用的礼节，行礼时身体下蹲，将合十的掌尖举至两眉间，以示尊敬；站合十礼是信奉佛教的国家平民之间、平级官员之间相见，或公务人员拜见长官时所用的礼节，行礼时端正站立，将合十的掌尖置于胸部或口部，以示敬意。行合十礼时，可以问候对方或口颂祝词。因佛教中不兴握手，所以在我国，一般非佛教徒对僧人施礼，也以行站合十礼为宜。

5. 顶礼

顶礼是向佛、菩萨或上座行的礼。行礼时双膝跪下，舒两掌过额头承空，头顶叩地，以示头触佛足，毕恭毕敬，可谓“五体投地”。

6. 朝山

朝山是佛教徒至名山大寺进香，以忏除业障或还愿的朝礼行为。也有修行者为了表示求道的虔诚，常以跪拜（三步一拜）方式朝礼圣迹。

二、节日

1. 佛诞节

佛诞节是纪念佛教创始人释迦牟尼诞生的节日。由于说法不一，世界各地佛诞节日期也不相同。佛诞节各佛寺一般都举行诵经法会，并根据“佛生时龙喷香雨浴佛身”的传说，教徒要以香水洗释迦牟尼佛像，故又称为浴佛节。

2. 佛成道节

佛成道节是纪念释迦牟尼成佛的节日。我国汉族地区，每逢农历十二月初八（腊八）以大米及果物煮粥供佛，并逐渐演化为吃“腊八粥”的民俗。而世界各国佛寺及僧众每逢此日都要举行纪念活动。

3. 佛涅槃节

佛涅槃节是纪念释迦牟尼逝世的节日。由于南北佛教对释迦牟尼逝世年月的说法不一，所以过节的具体日期不尽相同。每年此节，各佛教寺院都要悬挂佛祖图像，举行涅槃法会，诵《遗教经》等。

三、习俗忌讳

在信奉佛教的东南亚国家，至今仍保留着浓厚的佛教习俗。

1. 在缅甸、泰国，家长常将男孩送入寺庙里出家几年，一方面表示对佛的虔诚，另一方面让孩子在僧人处学习文化。
2. 信奉佛教的人家里举办丧事会请和尚念经，行举哀之礼仪。
3. 佛教主张不杀生，因此僧尼以素食为本。信佛的人，也规定在一定的时间吃斋，遇上此日，屠宰场停止屠宰，市场上也不出售肉食。
4. 在泰国，佛教徒最忌讳别人摸他们的头。
5. 在中国，忌随意触摸佛像。寺庙里的经书、钟鼓及活佛的身体、佩戴的念珠等被视为圣物。

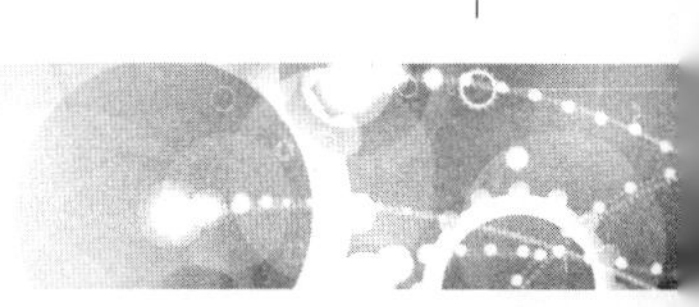

基督教礼仪

本节提到的基督教是指广义的基督教，包括天主教、东正教和新教（即狭义的基督教），以及其他小分支。

一、概述

1. 称谓

对教会神职人员，可按其教职称为主教、牧师、神父等，以示尊敬；与教会神职人员相对，普通信徒之间可称平信徒。在我国，平信徒之间习惯称“教友”。

2. 洗礼

洗礼是基督教的入教仪式，是初信者正式加入基督教的必要仪式。

3. 祈祷

祈祷俗称祷告，是表达感谢、赞美、祈求或认罪的行为。

4. 礼拜

礼拜每周一次，一般于星期日在教堂中举行，主要内容有祈祷、唱诗、读经、讲道等项目。

5. 告解

告解俗称忏悔，是信徒单独向神职人员坦白自己的过错或罪恶，并有意悔改的宗教仪式。

6. 婚配

教徒结婚可在教堂举行，并由牧师或神父主持婚礼仪式。在询问男女双方是否愿意结为夫妇，得到双方肯定回答后，主礼人诵念规定的祈祷经文，宣布他们为合法夫妻，并向新婚夫妇祝福。

二、节日

1. 圣诞节

圣诞节是纪念耶稣诞生的节日，多数教会规定以 12 月 25 日为圣诞节。这是基督教国家最为盛大的节日，通常从 12 月 24 日圣诞节的前夕开始进行庆祝。

2. 复活节

复活节是纪念耶稣复活的节日，日期在每年春分月圆后第一个星期日。基督徒认为，复活节象征着重生与希望。复活节彩蛋精美漂亮且富有装饰性，代表着人们的美好心愿。

3. 耶稣受难日

耶稣受难日为复活节前的星期五，届时在教堂举行隆重的活动。

三、习俗忌讳

1. 信奉基督教的人一般都认为“13”是不吉利的数字，故举行活动时尽量避开“13”。源于耶稣与其门徒 13 人共进“最后的晚餐”，此后耶稣遇难，因此“13”被认为是不吉利的。

2. 星期五是耶酥受难的日子，信奉基督教的人，每逢此日斋戒一天，不食肉，吃小斋。举行庆祝性活动，也应避开星期五。

3. 相传耶酥遇难时被钉在十字架上，因此基督教视十字架为圣物。除在教堂中使用外，也常做成项链悬挂胸前。

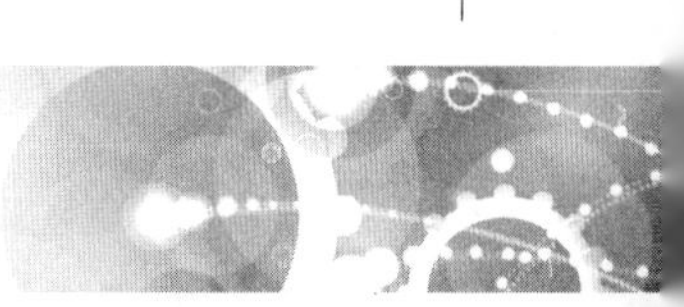

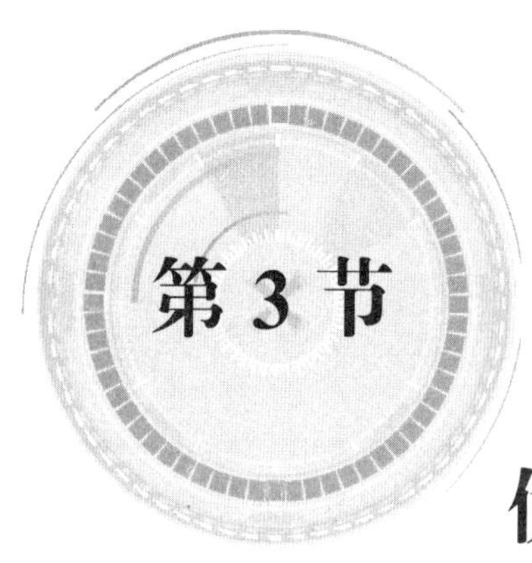

第3节 伊斯兰教礼仪

“伊斯兰”的阿拉伯文原意是“顺服”，“穆斯林”意为顺服安拉旨意的人，也就是伊斯兰教的教徒。逊尼派和什叶派是伊斯兰教的两大主要教派。

一、概述

1. 称谓

伊斯兰教信徒无论在什么地方，信徒之间不分职位高低，通常互称兄弟，或叫“多斯提”（意为好友、教友）。在清真寺做礼拜的穆斯林，统称为“乡老”。对到麦加朝觐过的穆斯林，在其姓名前冠以“哈吉”（阿拉伯语，意为朝觐者），这在穆斯林中是十分荣耀的称谓。

伊斯兰教对宗教职业者和具有伊斯兰专业知识者，通称为“阿訇”（波斯语的音译），它是对伊斯兰教学者、宗教家和教师的尊称。在中国，一般在清真寺任教职，并主持清真寺教务的阿訇，被称为“教长”或“伊玛目”，其中的年长者被尊称为“阿訇老人家”。对主持清真女寺教务或教学的妇女，称“师娘”。对在清真寺里求学的学生称“满拉”或“海里发”。

2. 大净、小净

进礼拜殿前须做大净、小净和脱鞋。一般性的礼拜可做小净，即洗净脸和手脚等，大净则是从头到脚依次洗遍全身。在沙漠地带，也可用沙土代替水洗，称为土净或代净。

3. 禁露羞体

伊斯兰教认为，男子从肚脐到膝盖、妇女从头到脚都是羞体。在公开场合，男女穆斯林必须穿着不露羞体的衣服，女性必须戴面纱和盖头。男性穆斯林多戴无檐小帽。

二、节日

1. 古尔邦节

古尔邦节的时间是伊斯兰教历 12 月 10 日，是伊斯兰教徒的重大节日。“古尔邦”的汉语意思是“宰牲”，所以古尔邦节又称宰牲节。

2. 开斋节

每年的伊斯兰教历 9 月全月封斋，斋戒期满寻找新月，见月的次日为开斋节。每逢此节，穆斯林要沐浴更衣，盛装举行庆祝活动。

3. 圣纪节

圣纪节为伊斯兰教历 3 月 12 日，纪念穆罕默德的诞生。

三、习俗忌讳

1. 禁食猪肉，同时也禁酒。
2. 忌用猪的形象作为装饰图案。
3. 禁止近亲与血亲之间通婚，忌与宗教信仰不同者通婚。
4. 忌不戴面纱的妇女进清真寺，忌男女当众拥抱接吻，妇女在陌生人面前要戴面纱。
5. 信奉伊斯兰教的人送礼，忌送带有动物形象的物品，在他们看来，带有动物形象的物品会给他们带来厄运。
6. 饮食时用右手，忌用左手。

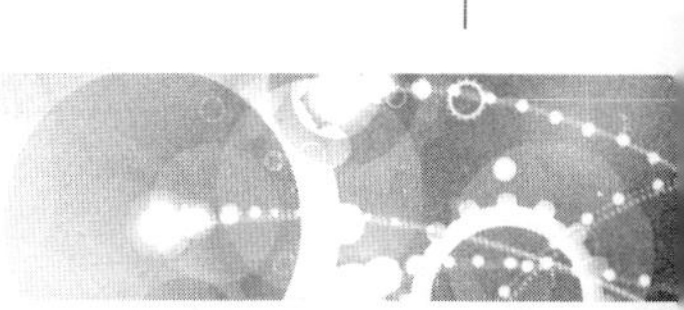

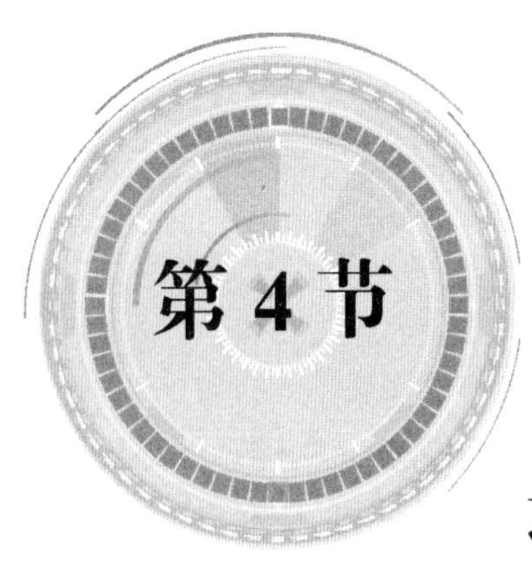

第 4 节 道教礼仪

道教是我国土生土长的宗教，它的教义与中华本土文化紧密相连，深深扎根于中华沃土之中，具有鲜明的中国特色，并对中华文化的各个层面产生了深远影响。

一、概述

1. 称谓

出家的道士，一般尊称“道长”。道士又称“黄冠”或“羽客”。女道士一般尊称“道姑”或“女冠”，也可据其职务尊称“法师”“宗师”“方丈”“住持”或“知客”。

2. 诵经

诵经是道教的主要宗教活动，道士每天早晚都要诵经。上殿时穿戴整洁，禁谈笑。

3. 斋醮

斋醮是一种为善男信女祈福、禳灾、超度亡灵而设坛祈祷神灵的宗教活动。

4. 过斋堂

过斋堂指道教徒吃饭。开饭时要打梆集合，道士们衣帽整齐地排成两队进入饭厅，每人一碗饭、一碗菜，饭前念“供养经”，饭后念“结斋经”。吃饭时不准讲话，碗筷不要有响动。

5. 交往

道士交往时，双手擎拳于胸前，行拱手作揖礼。

二、节日

1. 三会日

三会日为农历正月初七（上会）、七月初七（中会）、十月初五（下会）。大会要举行祭祀，道众同会坛场，上章言功。

2. 三元节

三元节即上元节、中元节和下元节。上元节又称元宵节，为每年农历的一月十五；中元节为每年的农历七月十五，为赦恶的地官诞辰日，百姓在这一天祭祀祖先，举行“普度”的仪式；下元节为每年农历的十月十五，是为人解厄的水官诞辰日。

3. 五腊日

五腊日是道教固定的节日，正月初一为天腊，五月初五为地腊，七月初七为道德腊，十月初一为民岁腊，十二月初八为王侯腊。腊原为中国古代传统的祭祖礼，秦汉后祭祖和祭百神的腊礼合为一，故岁终祭众神为腊，时间定于农历十二月，因而农历十二月也称腊月。

三、习俗忌讳

1. 在日常饮食中禁食鱼、羊等荤腥以及辛辣、刺激的食物。

2. 以素食为主，尽量保持食物原料的本色本性。

3. 道教的主要道规是“三皈五戒”。“三皈”即皈道、皈经、皈师；“五戒”指一不杀生，二不偷盗，三不邪淫，四不妄语，五不饮酒。除此之外，还有“八戒”和“十戒”等。凡是出家的道士都要受戒，遵守道规。

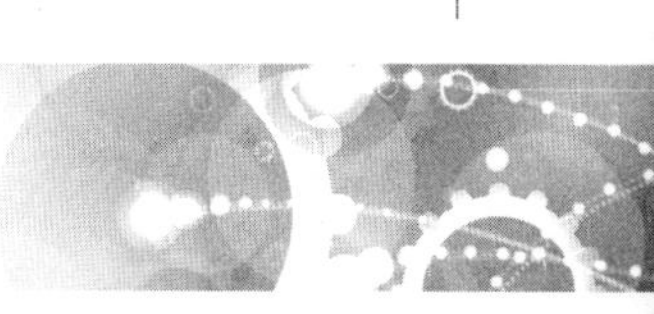

第9章

常用英语

第 1 节 客房常用英语

Good morning，sir.
早上好，先生。

Good afternoon，madam.
下午好，女士。

Good evening，Mr. Smith.
晚上好，史密斯先生。

Welcome to our hotel.
欢迎光临我们饭店。

How are you today?
你好吗？

Is this your first time to stay in our hotel?
这是您第一次光临我们饭店吗？

I'm very glad to see you again.
我很高兴再次见到您。

I'm very happy to have you staying in our hotel again.
很高兴您再次光临我们饭店。

May I help you?
我能为您做些什么？

May I have your name please?
请问您的姓名？

I'm the house maid on this floor.
我是这个楼层的服务员。

Could you please show me your room-card?
请出示您的房卡。

I hope you'll enjoy your stay here.
祝您在我们这里过得愉快。

Wish you have a pleasant stay.
祝您住店愉快。

We haven't seen you for a long time. How are you getting along?
我们很长时间没有见到您了。近来您过得好吗？

Did you have a nice trip?
您旅途顺利吗？

May I show you to your room?
我带您到房间，好吗？

This way，please.
请这边走。

After you，please.
您先请。

Have some tea（coffee），please.
请用茶（咖啡）。

I'm very glad to be of service to you.
很高兴为您服务。

I'm at your service.
随时为您服务。

Congratulations!
恭喜！

I wish you have a happy birthday!
祝您生日快乐！

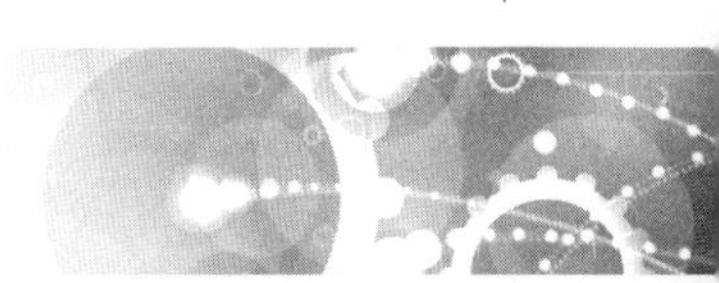

Have a good holiday!
假日愉快！

Happy birthday!
生日快乐！

Happy New Year!
新年快乐！

Merry Christmas!
圣诞快乐！

Wish you every success!
祝您万事如意！

Wish you prosperous business!
祝您生意兴隆！

What can I do for you?
我能为您做些什么？

Is there anything I can do for you?
需要我帮您做些什么事吗？

Is there anything else，sir?
先生，还有其他事情可以为您效劳吗？

I'll do for you now.
您的事我现在就办。

Anything else?
还有别的事吗？

Do you like…?
您喜欢……吗？

If you don't mind，may I…?
如果您不介意的话，我可以……吗?

Would you want…?
您需要……吗？

Can you…?
您能……吗？

You are welcome.
不必客气。

Yes，I understand.
好的，我明白了。

It's my duty.
这是我应该做的。

If we have any shortcomings，please point them out.
照顾不周的地方，请多多指教。

Any criticisms and instructions are welcome.
欢迎批评、指教。

Doesn't matter.
没关系。

That's all right.
没关系。

Don't worry about it.
不必担心。

Never mind.
不必介意。

I see.
我知道了。

Thank you very much.
非常感谢。

Thanks a lot.
十分感谢。

Thanks for your kindness.
谢谢您的好意。

Let me introduce myself.
请允许我自我介绍一下。

May I introduce... to you?
我可以给您介绍……吗？

May I introduce myself？ I'm...
我可以自我介绍吗？我叫……

I'd like you to meet...
我想请您认识一下……

I'm extremely sorry to hear that.
我很遗憾听到这些。

I'm awfully sorry.
我感到非常抱歉。

Which one would you prefer?
您更喜欢哪一个？

Pardon me，sir.
先生，请原谅。

Thank you for your advice.
感谢您的建议。

Sorry to have kept you waiting.
对不起，让您久等了。

I'm sorry about this.
对此向您表示歉意。

I'm sorry to disturb you.
对不起，打扰您了。

I'm sorry. That's my fault.
对不起，那是我的过错。

I'll see to it right away.
我马上着手处理。

Please forget it.
请不要介意。

I do apologize.
我很抱歉。

I'm sorry，I beg your pardon.
请原谅，这是我的疏忽。

Just a moment，I'll do it right away.
请稍等，我马上就办。

Please excuse me for coming so late.
请原谅我来晚了。

I'm sorry. I was so careless.
很抱歉，我太大意了。

Pardon me for interrupting you. Thank you.
打扰您了，谢谢。

We are always at your service.
随时为您效劳。

It's my pleasure to have you together.
能够和您在一起是我的荣幸。

Thank you for such a lovely gift.
谢谢您送给我如此别致的礼物。

It doesn't matter. We haven't done well.
没关系，我们做得还不够好。

Please come this way，Madam/Sir.
太太 / 先生，请这边走。

Go straight ahead，sir.
先生，请往前面走。

Keep going，Miss.
小姐，请一直往前走。

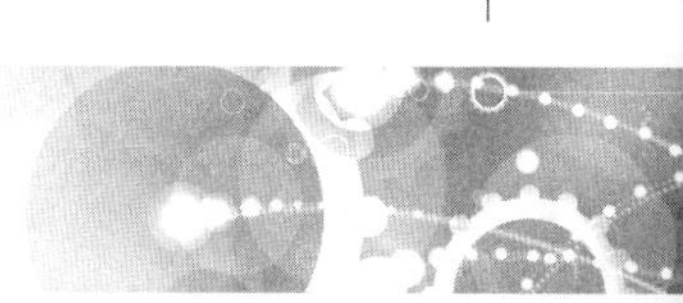

Turn left（right）at the first corner.
请在第一个转弯处左（右）拐。

Please go up（down）in the elevator there.
请在那边乘电梯上（下）楼。

Please go down to lobby here.
请在这里下去到大堂。

Please come this way.
请这边走。

Please follow me.
请随我来。

Is this your luggage?
请问这是您的行李吗？

May I come in?
我可以进来吗？

Come in please.
请进。

Please don't come in，just a moment.
请不要进来，稍候。

Please forward my mail to this address.
请您按这个地址将邮件寄给我。

Where is the switch?
请问开关在哪里？

I'm leaving this morning.
我今天上午离开。

I want to pay my bill now.
我想结账。

Here is your receipt.
这是您的发票。

Thank you and good bye.
谢谢，再见。

Good night. See you tomorrow.
晚安，明天见。

It's very kind of you to say so.
十分感谢您这样说。

We hope to see you again.
希望能再见到您。

We are looking forward to another chance to serve you.
期望能再有机会为您服务。

Have a nice trip.
祝您旅途愉快。

Good luck and all the best.
祝您好运，万事如意。

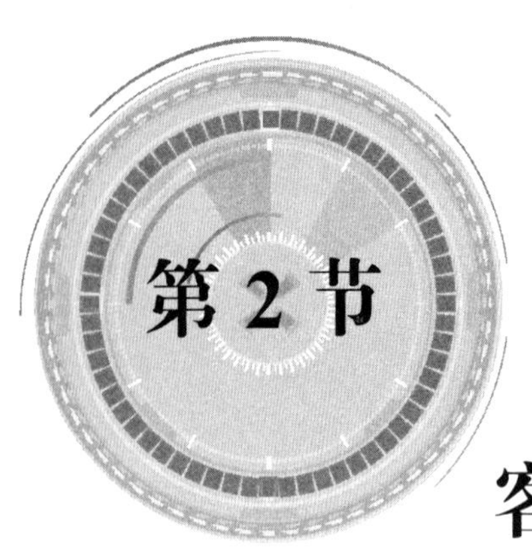

客房用品的英语名称

一、客房种类

single room	单人间
double room	大床间
twin room	双床间
triple room	三人间
suite	套间
junior suite	普通套间
deluxe suite	豪华套间
duplex suite	复式套间
presidential suite	总统套间
standard room	标准间
deluxe room	豪华房
business room	商务房
executive floor	行政楼层
inside room	内景房
outside room	外景房
corner room	角房
connecting room	连通房
adjacent room	相邻房

二、客房状态

vacant clean（VC）	空净房
occupied（OCC）	住客房
stay（S）	续住房
leaving（L）	准备退房

vacant dirty（VD）	未清洁空房
sleep out（SO）	住客未宿房
long stay（LS）	长住房
out of order（OOO）	待修房
no baggage（NB）	无行李房
light baggage（LB）	少量行李房
make up room（MUR）	请即打扫
do not disturb（DND）	请勿打扰

三、客房家具、设备

bed	床
single bed	单人床
double bed	双人床
queen-size bed	大号双人床
king-size bed	特大号双人床
foldaway bed	折叠床
baby cot	婴儿床
waterbed	水床
sofa bed	沙发床
mattress	床垫
bedside table	床头柜
desk	办公桌
table	桌子
tea table	茶几
sofa	沙发
chair	椅子
cabinet	橱
drawer	抽屉
washing basin	洗脸盆
toilet	抽水马桶
bathtub	浴缸
shower head	淋浴喷头
towel rack	毛巾架
television（TV）	电视机
computer	计算机（电脑）
telephone	电话机
refrigerator	电冰箱
safe, safe-deposit box	保险箱
air conditioner	空调

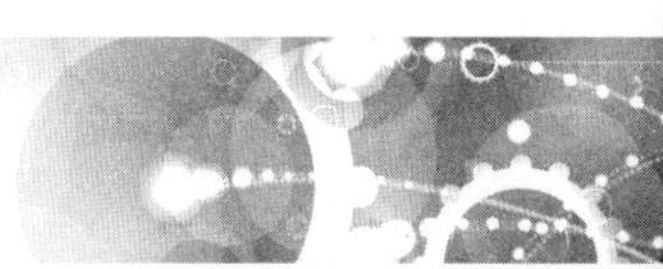

electric kettle	电水壶
carpet	地毯
lamp	灯
desk lamp	台灯
wall lamp	壁灯
floor lamp	落地灯
bedside lamp	床头灯
mini-bar	迷你酒吧
mirror	镜子
switch	开关
hairdryer	电吹风

四、客房用品

wall painting	壁画
pillow	枕头
pillowcase	枕套
sheet	床单
blanket	毛毯
quilt	被子
bedspread	床罩
mattress	褥垫
window screen	窗纱
window curtain	窗帘
towel	毛巾
bath towel	浴巾
face towel	脸巾
bathmat	浴垫
bathrobe	浴袍
shower curtain	浴帘
bath soap	浴皂
facial soap	洗面皂
shampoo	洗发液
shower gel	沐浴液
comb	梳子
toothbrush	牙刷
toothpaste	牙膏
lampshade	灯罩
bulb	灯泡
clothes hanger	衣架
rubbish bin	垃圾桶

remote control	遥控器
battery	电池
slippers	拖鞋
shoeshine paper	擦鞋纸
clothes brush	衣刷
shoe basket	鞋篮
thermos	热水瓶
cold water bottle	冷水瓶
cup	茶杯
glass	玻璃杯
wine glass	酒杯
tea tray	茶盘
match	火柴
ice bucket	冰桶
ashtray	烟灰缸
green tea	绿茶
black tea	红茶
jasmine tea	茉莉花茶
coffee	咖啡
laundry bag	洗衣袋
laundry list	洗衣单
shopping bag	购物袋
pen	笔
writing paper	信纸
envelope	信封
notepad	便笺
postcard	明信片
sewing kit	针线包
directory of services	服务指南
room service menu	房内用餐指南
room service card	房内用餐牌
DND card	请勿打扰牌
magazine	杂志
folder with services	服务夹
facial tissue	面巾纸
toilet tissue（paper）	手纸
nail clippers	指甲钳

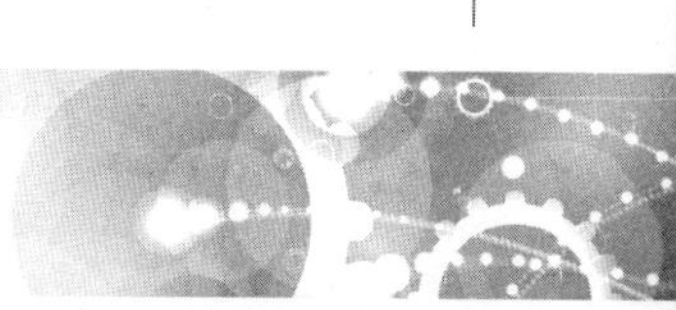

五、清洁设备、用品

maid's cart	工作车
vacuum cleaner	吸尘器
broom	扫帚
brush	刷子
bucket	桶
mop	拖把
rag	抹布
watering can	喷壶

六、其他设施、设备、用品

sewing machine	缝纫机
smoke detector	烟感器
shower	花洒

七、对客服务

housekeeper	管家
housemaid	客房女服务员
room attendant	客房服务员
supervisor	主管
to clean the room	打扫房间
to make up the room	整理房间
to clean the bathroom	打扫卫生间
to make the bed	铺床
razor	剃须刀
bed board	床板
iron	电熨斗
ironing board	熨衣板
electric shaver	电动剃须刀
alarm clock	闹钟
ice pack	冰袋
plug	插头
transformer	变压器
wheelchair	轮椅
mop wringer	拖把拧干机
carpet washing machine	洗地毯机
multi-purpose cleaner	多功能清洁剂
disinfectant	消毒剂

metal polish	金属上光剂
furniture polish	家具上光剂
brass polish	擦铜剂
fire hydrant	消火栓
emergency exit	安全出口
extinguisher	灭火器
laundry service	洗衣服务
laundry	湿洗
dry cleaning	干洗
ironing	熨烫
express service	快洗
babysitting	婴儿照顾
wake up call	叫醒电话
check in	入住
check out	退房
shoe polishing	擦鞋
lost and found	失物招领处